ADAC Reiseführer

# Amsterdam

von Reinhard Tiburzy

# Intro



# Unterwegs

# Service

## Leserforum

Die Meinung unserer Leserinnen und Leser ist wichtig, daher freuen wir uns von Ihnen zu hören. Wenn Ihnen dieser Reiseführer gefällt, wenn Sie Hinweise zu den Inhalten haben – Ergänzungs- und Verbesserungsvorschläge, Tipps und Korrekturen – dann kontaktieren Sie uns bitte:

**Redaktion ADAC Reiseführer**
**ADAC Verlag GmbH**
**Am Westpark 8, 81365 München**
**Tel. 089/76 76 41 59**
**reisefuehrer@adac.de**
**www.adac.de/reisefuehrer**

# Amsterdam Impressionen

## Amsterdam – die multikulturelle Grachtenmetropole

Der weit gereiste Italiener *Lodovico Guicciardini* hat Amsterdam 1567 ›**Venedig des Nordens**‹ genannt. Er musste es wissen, lebte er doch nur einen Katzensprung von der italienischen Lagunenstadt entfernt. Doch das genügte noch nicht: *Constantijn Huygens*, wortgewaltiger niederländischer Dichter, kreierte Mitte des 17. Jh. bezüglich der heimischen Grachtenstadt das Wort vom ›Zweifach-Venedig‹. Sieht man einmal von dem einzigartigen mediterranen Flair Venedigs ab, kommt das sogar hin, zumindest nummerisch: Denn Amsterdam hat etwa doppelt so viele Kanäle.

### Das Goldene Jahrhundert der Niederlande

Das Leben in Amsterdam – die Stadt wurde Ende des 13. Jh. an der Mündung der Amstel in die Zuiderzee gegründet – war seit jeher vom Wasser geprägt. **165 Grachten** mit einer Gesamtlänge von 75 km durchziehen noch heute das Zentrum. Prächtige Stadtpaläste und reich bestückte Museen zeugen vom Glanz und Reichtum vergangener Tage, als das kleine Land an der Nordsee zur führenden Handels- und Seemacht aufstieg. 1602, mit der Gründung der ›**Verenigde Oost-Indische Compagnie**‹, die fast zwei Jahrhunderte lang das Monopol für den lukrativen Handel mit Südostasien innehatte, brach für Amsterdam und die Niederlande das Goldene Jahrhundert an. Die Segelschiffe der VOC brachten exotische Gewürze und Waren aus dem Indischen Ozean mit. Der Überseehandel sorgte für eine immense wirtschaftliche und auch kulturelle Blüte.

### Die größte Pfahlsiedlung der Welt

Die Altstadt von Amsterdam mit ihren zahlreichen historischen Gebäuden ist heute ein riesiges **Freilichtmuseum**, das man am besten zu Fuß oder, wer sich wie die Einwohner fortbewegen möchte, mit dem Fahrrad erkundet. Im Zentrum ste-

**Links unten:** *Vom Wasser aus zeigt sich Amsterdam von seiner schönsten Seite*
**Oben:** *Wohnidylle im Begijnhof*
**Mitte:** *Das Segelschiff ›Amsterdam‹ erinnert an die gute alte Zeit der Seefahrer*
**Unten:** *Leben und leben lassen – Entspannung auf der ›Terrasse‹ eines Hausbootes*

hen inzwischen fast 7000 Wohn- und Speicherhäuser unter Denkmalschutz. Die meisten von ihnen stammen aus dem 18. und 19. Jh., manche sind sogar älteren Datums. Der Erhalt der historischen Bausubstanz bedarf besonderer Pflege, denn Amsterdam ruht auf Stelzen, ist die größte **Pfahlsiedlung** der Welt. Tatsächlich leben, wie es *Erasmus von Rotterdam* im 16. Jh. ausdrückte, die »Bewohner wie die Raben auf den Wipfeln von Bäumen«. Die alten Gebäude stehen auf insgesamt 5 Mio. in den Boden gerammten 10–20 m langen Fichtenstämmen. Da das Stadtgebiet unterhalb des **Meeresspiegels** liegt, ist es für die Grachtenmetropole wichtig, den Pegelstand in den Kanälen konstant zu halten. Steigt das Wasser, sind die Häuser schnell überflutet. Sinkt das Wasser, fallen die Kuppen der Holzpfähle trocken, Fäulnis setzt ein, und mit der Standfestigkeit ist es vorbei. Heute sorgt ein ausgeklügeltes System von Schleusen und Pumpen für einen gleichbleibenden **Wasserpegel** in den Grachten.

Im 17. Jh. wuchsen die Bevölkerungszahlen Amsterdams stark an, neuer Baugrund außerhalb des engen Altstadtbezirks wurde benötigt. Deshalb legte man zwischen 1612 und 1663 den aus Heren-, Keizers- und Prinsengracht bestehenden **Dreigrachtengürtel** an, der sich nahezu halbkreisförmig um das Zentrum legt. Hier entstanden prächtige Stadtpaläste. Die elegantesten findet man an einem **Gouden Bocht** (›Goldene Biegung‹) genannten Teilstück der Herengracht. Prunkvolle Giebel verleihen jedem Haus ein individuelles Gesicht, das sich zudem malerisch im Wasser der Kanäle spiegelt. Die beste Sicht auf die schönen Häuserzeilen hat man bei einer **Grachtenrundfahrt**, die zu den Höhepunkten der Amsterdam-Besichtigung gehört.

Bereits unmittelbar nach seiner Entstehung gehörte der Grachtengürtel zu den begehrten Wohngegenden, und so ist es bis heute geblieben: Wer es sich leisten kann, residiert am Wasser. Da die besten Plätze im Altstadtkern längst vergeben sind, erlebt Amsterdams alter Hafen seit dem Beginn des 21. Jh. seine Umwandlung zum modernen Wohnquartier – und wieder ist die Sicht aufs Wasser das beste Verkaufsargument. Überhaupt wird in der Grachtenmetropole derzeit im ganz großen Stil gebaut: Rijksmuseum, Stedelijk Museum und das Scheepvartsmuseum sind wegen Renovierung noch bis 2009 bzw. 2012/13 geschlossen, eine neue U-Bahn-Linie entsteht bis 2013.

## Meisterwerke, Marihuana, Möbel

Doch keine Sorge, es gibt immer noch genug zu sehen, Amsterdam bleibt ein Mekka für Kunstfreunde aus aller Welt. Die Ausstellung ›Meisterwerke‹ des **Rijksmuseums** zeigt die bedeutendsten Werke der alten Meister, das **Van Gogh Museum** mit 200 Gemälden des berühmten holländischen Malers bleibt geöffnet und schließlich sind auch Werke des **Stedelijk Museum** an wechselnden Standorten in der Stadt zu finden. Doch das ist noch längst nicht alles. In Amsterdam sprießen die Ausstellungsforen wie Pilze aus dem Boden, sodass garantiert für jeden Geschmack etwas dabei ist. Mal dreht sich alles um Kino oder Theater, mal sogar um Sex oder Marihuana. Und schließlich gewähren Einrichtungen wie das in einem alten Grachtenhaus untergebrachte, vollständig möblierte und mit Accessoires ausgestattete **Museum Willet-Holthuysen** Einblicke in die Lebenswelt und authentische Wohnkultur vergangener Jahrhunderte.

## Alt, doch höchst lebendig

Auch wenn die Stadt Amsterdam vor Historie und Kultur trieft, in ihr pulsiert das junge Leben. Beliebte Treffs sind der **Dam** und der **Leidseplein**, Plätze, die

**Links oben:** *›De Vlucht va Egipten‹ – Giebelstein aus dem Begijnhof*
**Links unten:** *Die ›Judenbraut‹ (um 1665), ein Meisterwerk Rembrandts im Rijksmuseum*
**Oben:** *Das repräsentative ›Blaue Zimmer‹ im Museum Willet-Holthuysen*
**Rechts:** *Spieglein, Spieglein an der Wand, wer hat den schönsten Giebel im ganzen Land – Spiegelung eines Grachtenhauses*

**Oben:** *Einen Blick riskieren – die Walletjes, das berühmt-berüchtigte Vergnügungsviertel der Grachtenmetropole, steht bei Touristen hoch im Kurs*
**Unten:** *›Venedig des Nordens‹ wird Amsterdam vielfach genannt. Da darf eine echte Gondel natürlich nicht fehlen*
**Rechts:** *Das Goldene Jahrhundert ist noch nicht vorbei – im Shoppingcenter Magna Plaza gibt es Luxusartikel im Überfluss*

allerlei Straßenkünstler zu ihrer temporären Bühne werden lassen. Mal gibt ein irischer Barde ein Konzert, mal zeigt ein Feuerschlucker sein Können, hier bearbeiten Afrikaner ihre Trommeln, dort jongliert ein Clown auf dem Hochrad mit seinen Keulen. In den Straßen und Gassen rund um den Leidseplein mit einer Vielzahl von Diskotheken und Nachtklubs kann man sich außerdem ins Amsterdamer **Nachtleben** stürzen. Im *Paradiso* z. B., einst Kirche, jetzt Disco, soll man auch Kronprinz Willem-Alexander getroffen haben. Im nahen *Holland Casino* kann jeder über 18 Jahre sein Glück herausfordern. Andere gute Adressen für Nachtschwärmer sind der *Rembrandtplein* und die *Reguliersdwarsstraat*. Nicht unerwähnt bleiben sollen ferner die **Walletjes**, Amsterdams Rotlichtbezirk rund um die Oude Kerk, die älteste Kirche der Stadt. Dank seiner freizügigen Etablissements, die der Stadt mittlerweile eher ein Dorn im Auge sind, ist das Viertel schon lange eine Touristenattraktion.

Auch das kulturelle Angebot für den Abend ist üppig. Da sind zum einen die zahlreichen **Kinos**, in denen Filme meist in der Originalsprache laufen. Wer Filmpaläste mit besonderer Atmosphäre liebt, der sollte auf jeden Fall einen Besuch bei der ›Alten Dame‹, wie die Amsterdamer das *Tuschinski* mit seinem nostalgischen Interieur liebevoll nennen, einplanen. Zum anderen bieten **Theater** und **Konzert** Programme, die dem Ruf Amsterdams als Weltstadt gerecht werden. Neben den großen Häusern *Stadsschouwburg*, *Concertgebouw* und *Muziektheater* gibt es noch ca. 70 kleine Bühnen, experimentelle Theater und Kleinkunstbühnen, deren Vorstellungen natürlich meist in Niederländisch sind.

## Multikulturell und tolerant

Amsterdam ist seit jeher berühmt für seine Toleranz, ein wesentliches Element für den wirtschaftlichen Erfolg, der die Stadt im Goldenen Jahrhundert zur reichsten Europas machte. ›Leben und leben lassen‹ – in Amsterdam ist die Devise nicht nur ein Spruch. Nicht umsonst war die Metropole in den 60er-Jahren des 20. Jh. europäische Hochburg der Flower-Power-Bewegung. Bunten Vögeln und schrillen Typen begegnet man auch heute noch auf Schritt und Tritt. Für Händchen haltende Schwule und Lesben ist ein Straßenbummel kein Spießrutenlauf. Und dem adrett in Anzug mit Krawatte gekleideten Angestellten, der, das Diplomatenköfferchen unterm Arm, auf Inlineskates, Kickboard oder Liegefahrrad ins Büro flitzt, wird allerhöchstens ein wohlwollendes Schmunzeln entgegengebracht. Hier leben Erdenbürger aus über 170 Nationen zusammen, Menschen aller Hautfarben, Kulturen und Religionen – besonders zahlreich aus den ehemaligen niederländischen Kolonien, aus Indonesien und Surinam. Der Besucher profitiert von der kulturellen Vielfalt auch kulinarisch, das Angebot an **Restaurants** mit fremdländischen Küchen ist phänomenal. Wer genug Appetit und Zeit hat, kann sich auf eine kulinarische Weltreise begeben, sonst bleibt nur die Qual der Wahl. Versuchen Sie es doch mal in Chinatown!

## Der Reiseführer

Dieser Band stellt die wichtigsten Sehenswürdigkeiten **Amsterdams** in zwölf Kapiteln vor, von der Innenstadt über den Grachtengürtel bis zu den Außenbezirken. Ein weiteres Kapitel ist den großen touristischen Attraktionen des Umlands gewidmet, Städten und Dörfern wie *Haarlem*, *Edam*, *Aalsmeer* und *Volendam*. **Übersichtskarten** und **Pläne** erleichtern die Orientierung. Die **Top Tipps** gewährleisten ein schnelles Auffinden der Highlights. Der **Aktuelle Teil** enthält alphabetisch geordnet nützliche Informationen vor Reiseantritt, Einkaufs- und Veranstaltungstipps, Empfehlungen für Hotels, Restaurants, Nachtklubs etc. Hinzu kommt ein umfassender **Sprachführer**. **Kurzessays** runden den Reiseführer ab.

# Geschichte, Kunst, Kultur im Überblick

## Handelsmetropole auf Pfählen und Begründerin eines Goldenen Zeitalters

**um 1270** Nach der Errichtung eines Dammes an der Mündung der Amstel in die Zuiderzee, dem heutigen IJsselmeer, entsteht die Siedlung Amestelledamme.
**1275** Amestelledamme wird erstmals urkundlich erwähnt, als Graf Floris V. von Holland den Bewohnern das Recht verleiht, ihre Waren zollfrei durch holländische Gewässer zu transportieren.
**um 1280** Errichtung einer ersten Festung, deren Reste bei Ausgrabungen am Nieuwendijk 1994 freigelegt werden.
**1300** Der Bischof von Utrecht verleiht Amsterdam die Stadtrechte. 1306 beginnt man mit dem Bau der Oude Kerk.
**1323** Amsterdam wird Zollhafen für aus Hamburg importiertes Bier. Die Entwicklung zur internationalen Handelsmetropole nimmt ihren Anfang.
**1345** Das ›Hostienwunder‹ ereignet sich [s. S. 34]. Amsterdam wird zum viel besuchten Wallfahrtsort, nachdem die Reliquie, der ›Leib Christi‹, die Heilung kranker Pilger bewirkt.
**1421** Ein Feuer wütet in Amsterdam und zerstört weite Teile der Stadt vollständig. Die Oude Kerk übersteht die Katastrophe unbeschadet.
**1452** Neuerliche Brände vernichten unzählige der strohgedeckten Holzhäuser. Eine daraufhin erlassene Bauordnung bestimmt, dass künftig nur noch Stein als Baumaterial verwendet werden darf.
**1481** Errichtung der ersten steinernen Stadtmauer, von der heute noch Schreierstoren und Sint Antoniespoort als Teil des Waaggebouw und Montelbaanstoren erhalten sind.
**1489** Der erkrankte habsburgische Kaiser Maximilian I. pilgert zur Hostienreliquie, wird geheilt und verleiht der Stadt Amsterdam zum Dank das Privileg, die Kaiserkrone im Stadtwappen zu führen.
**1519** Holland wird als Teil der Niederlande dem Weltreich Karls V. eingegliedert, der den aufkommenden Protestantismus mit aller Macht unterdrückt.
**1535** Im Zuge der Reformation sorgen fanatische Wiedertäufer am 10. Mai für Tumulte, als sie im religiösen Wahn nackt über den Dam laufen und das Rathaus zu stürmen versuchen. Sie werden hingerichtet.
**1566** Calvinisten zerstören Kunstwerke in Amsterdamer Kirchen. Die Schützengilden weigern sich, gegen

*Auf dem Trockenen – in der VOC-Werft wurden im 17. Jh. die großen Segler gezimmert*

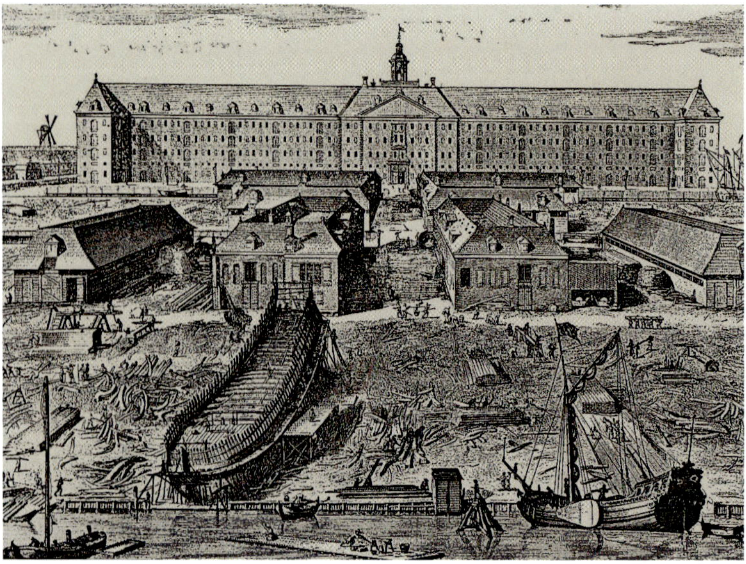

die Protestanten vorzugehen. Der weitgehend dem Katholizismus verpflichtete Magistrat heuert zu seinem Schutz 300 Söldner an.

1567 Nach religiösen Unruhen schickt der spanische König Philipp II., Sohn und Nachfolger Karls V., Truppen unter der Führung des Herzogs von Alba in die Niederlande, um den Katholizismus erneut im ganzen Land durchzusetzen. Protestanten werden verfolgt und finden zu Tausenden den Tod.

1568 Nach der Hinrichtung der beiden holländischen Grafen Egmont und Hoorn in Brüssel erhebt sich die niederländische Bevölkerung unter der Führung des Grafen Wilhelm von Oranien. Der Achtzigjährige Krieg (1568–1648) um die Unabhängigkeit der Niederlande vom katholischen Spanien beginnt.

1573 Während der Widerstand im ganzen Land zunimmt, zieht Herzog von Alba in Amsterdam ein, wird von königstreuen Bürgern willkommen geheißen und setzt von hier aus sein grausames Regiment fort. Die Grachtenstadt wird zur prospanischen Enklave.

1576 Amsterdam wird von Aufständischen unter der Führung Wilhelms von Oranien belagert.

1577 Die Spanier ziehen sich aus Amsterdam zurück, ein Jahr später kapituliert die Stadt. Die neue Stadtregierung setzt sich aus reformierten Kaufleuten zusammen. In der ›Satisfactie van Amsterdam‹ erklären sie den protestantischen Glauben zur offiziellen Religion. Formal wird fortan zwar Glaubensfreiheit für andere Religionen gewährt, doch werden katholische Gottesdienste nur in ›Geheimkirchen‹ toleriert.

1584 Wilhelm von Oranien wird von Balthasar Gérard, einem fanatischen Katholiken, ermordet.

*Wilhelm von Oranien, gen. der Schweiger, niederländischer Nationalheld*

1585 Mit der spanischen Rückeroberung Antwerpens und der holländischen Blockade der Scheldemündung, die den Niedergang des Antwerpener Hafens zur Folge hat, emigrieren Tausende protestantischer und jüdischer Kaufleute nach Amsterdam.

1588 Gründung der ›Republik der Vereinigten Niederlande‹, bestehend aus den sieben protestantischen Nordprovinzen Geldern, Holland, Seeland, Utrecht, Friesland, Overijssel und Groningen.

1595 Amsterdamer Kaufleute schicken vier Schiffe zur ersten Fahrt nach Ostindien (dem heutigen Indonesien) und leiten damit die Kolonisierung und den Handel mit Südostasien ein.

1602 Gründung der ›Verenigde Oost-Indische Compagnie‹ (VOC), der ›Niederländisch-Ostindischen Gesellschaft‹, die bis 1796 das Monopol für den Handel mit Südostasien innehat. Amsterdams Hafen entwickelt sich zu einem der größten der Welt. Beginn des Goldenen Jahrhunderts.

1609 Henry Hudson wird von der VOC beauftragt, eine Passage durch das Nordmeer nach Ostindien zu suchen und entdeckt auf dieser Fahrt den Hudson River und Manhattan. – Waffenstillstand zwischen den

*Rembrandt Harmensz. van Rijn, berühmter holländischer Maler*

nördlichen Niederlanden und Spanien.

1611 Eröffnung der ersten Amsterdamer Waren- und Effektenbörse. Amsterdam steigt zum bedeutendsten Finanzplatz Europas auf.

1612 Im Zuge der Stadterweiterung beginnt der Bau des Dreigrachtengürtels aus Heren-, Keizers- und Prinsengracht.

1621 Gründung der ›Verenigde West-Indische Compagnie‹ (VWC) mit dem Handelsmonopol für Westafrika, Nord- und Südamerika.

1622 Die Stadt hat 105 000 Einwohner.

1631 Rembrandt Harmensz. van Rijn (1606–1669) zieht nach Amsterdam.

1637 Höhepunkt und Zusammenbruch der ›Tulipomanie‹ [s. S. 111], unzählige Amsterdamer verlieren ihr Vermögen.

1648 Ende des Achtzigjährigen Krieges. Im Westfälischen Frieden von Münster wird die Unabhängigkeit der Niederlande von Spanien besiegelt.

1651 Die von Oliver Cromwell initiierte ›Navigationsakte‹, die den englischen Seehandel fördert, dem niederländischen Zwischenhandel aber einen Schlag versetzt, führt ein Jahr später zum Ersten Seekrieg gegen England, weitere folgen 1665 und 1672.

**1669** Rembrandt verstirbt und wird in der Westerkerk beigesetzt.

**1672** Französische Truppen rücken gegen Amsterdam vor, weichen jedoch zurück, als die Einwohner die Deiche öffnen und das Land rund um die Stadt überfluten.

**1685** Nach der Aufhebung des ›Edikts von Nantes‹ emigrieren zahlreiche französische Hugenotten nach Amsterdam.

**1697** Der russische Zar Peter der Große arbeitet als Schiffsbauer in einer Amsterdamer VOC-Werft.

**1780–84** Im Vierten Seekrieg gegen England verlieren die Niederlande endgültig ihre Vorherrschaft auf See.

**1787** Friedrich Wilhelm VI. von Preußen schickt Truppen nach Amsterdam, um die Position der Oranier gegen die ›Patrioten‹, eine profranzösische Partei, die im Stadtrat die Mehrheit erlangt hat, zu festigen.

**1795** Französische Revolutionstruppen besetzen Amsterdam, bilden gemeinsam mit den ›Patrioten‹ eine Nationalversammlung und rufen die ›Batavische Republik‹ aus.

**1799** Auflösung der Verenigde West-Indische Compagnie.

**1800** Bankrott der Verenigde Oost-Indische Compagnie.

**1806** Napoleon Bonaparte erhebt die ›Batavische Republik‹ zum ›Königreich Holland‹ und setzt seinen Bruder Louis Napoleon als Regenten ein.

**1810** Die Kontinentalsperre Napoleons richtet den holländischen Seehandel zugrunde, sein Bruder Louis dankt deshalb ab. Napoleon verleibt Holland seinem Reich ein.

**1811** Übergabe des Stadtschlüssels an Napoleon Bonaparte, der am 8. Oktober in die Stadt einmarschiert.

**1813** Nach der Vertreibung der französischen Besatzer kehrt Wilhelm VI. von Oranien aus dem Exil zurück und wird 1815 als Wilhelm I. König der Niederlande. Hauptstadt wird Amsterdam, Regierungssitz jedoch Den Haag.

**1815** Nach der Niederlage Napoleons fasst der Wiener Kongress die Territorien des heutigen Belgien, Luxemburg und der Niederlande zum ›Königreich der Vereinigten Niederlande‹ zusammen.

**1830** Aufstand in Brüssel, Belgien löst sich von den Niederlanden ab.

**1876** Mit dem Bau des Nordseekanals erhält Amsterdam einen direkten Zugang zum Meer und der Hafen erlebt einen neuen Aufschwung.

**1895** Die Weltausstellung zieht Tausende von Besuchern an.

**1900** Die Stadt hat 500 000 Einwohner.

**1914–18** Während des Ersten Weltkrieges bleiben die Niederlande neutral.

**1928** In Amsterdam werden die IX. Olympischen Sommerspiele abgehalten.

**1934** Während der Wirtschaftskrise wird das Arbeitslosengeld um 10 % gekürzt. Der darauf folgende Aufstand im Viertel Jordaan wird blutig niedergeschlagen.

**1940** Am 16. Mai besetzen deutsche Truppen Amsterdam.

**1941** Hafenarbeiter treten aus Protest gegen die Deportation ihrer jüdischen Mitbürger am 25. Februar in einen Streik.

**1942** Das jüdische Mädchen Anne Frank und ihre Familie verstecken sich zwei Jahre lang in einem Hinterhaus in der Prinsengracht vor den Nationalsozialisten. Im August 1944 werden sie entdeckt und in Konzentrationslager deportiert. Anne Frank stirbt im März 1945 in Bergen-Belsen. Nur ihr Vater überlebt den Holocaust. Anne Franks Tagebuch, geschrieben im Amsterdamer Versteck, wird zu einem Weltbestseller.

**1945** Bis zur Befreiung der Stadt durch kanadische Truppen am 5. Mai werden insgesamt ca. 100 000 Amsterdamer Juden in Konzen-

*Rushhour – als Amsterdam im 17. Jh. noch einen der größten Häfen der Welt hatte, herrschte auf dem Wasser meist ein totales Verkehrschaos*

trationslager verschleppt und ermordet.
**1948** Prinzessin Juliana wird in der Nieuwe Kerk als Königin der Niederlande vereidigt.
**1949** Indonesien erhält als erste niederländische Kolonie die Unabhängigkeit. – Die Niederlande treten der NATO bei.
**1964** Die ›Provos‹, meist junge Leute, demonstrieren gegen das Establishment.
**1966** Bei der Trauung der Thronfolgerin, Prinzessin Beatrix, mit Claus von Amsberg in der Westerkerk wird heftig gegen den Deutschen protestiert.
**1970er-Jahre** ›Kraker‹ besetzen Häuser, um die Wohnungsnot anzuprangern.
**1975** Die Stadt feiert ihr 700-jähriges Bestehen.
**1980** Königin Juliana dankt zugunsten ihrer Tochter Beatrix ab. Deren Inthronisierung wird von schweren Ausschreitungen begleitet.
**1987** Amsterdam ist ›Kulturhauptstadt Europas‹.
**1992** Über der Trabantenstadt Bijlmermeer stürzt ein israelisches Transportflugzeug ab, über 200 Menschen kommen ums Leben. Weder Ursache des Absturzes noch die Art der Ladung werden aufgeklärt.
**1997** Im Vertrag von Amsterdam beschließen die Außenminister der 15 EU-Staaten eine gemeinsame Außenpolitik.
**2000** Am 26. September fusionieren die Börsen von Amsterdam, Brüssel und Paris zur Euronext mit Sitz in Amsterdam.
**2002** Kronprinz Willem-Alexander heiratet die gebürtige Argentinierin Máxima Zorreguita. – Die Regierung Wim Kok tritt wegen des Versagens der niederländischen UN-Schutztruppen beim Massaker von Srebrenica 1995 zurück. – Die Ermordung des Rechtspopulisten Pim Fortuyn erschüttert das Land. – Tod von Prinz Claus.
**2003** Nach dem Scheitern der Regierungskoalition aus CDA, LPF, der Partei des ermordeten Pim Fortuyn, und VVD kommt es am 22. Januar zu vorgezogenen Neuwahlen, die Regierung besteht nun aus einer Koalition aus CDA (Christdemokraten), VVD (Liberale) und D66 (Demokraten). Regierungschef ist Ministerpräsident Jan Peter Balkenende (CDA).
**2004** Königin Juliana stirbt am 30. März. – Ein in den Niederlanden geborener Marokkaner ermordet den wegen seiner provokanten, teils sehr islamkritischen Filme umstrittene Regisseur Theo van Gogh in Amsterdam. Der Mord erschüttert die niederländische Gesellschaft.
**2005** Bei einer Volksabstimmung lehnen die Niederländer den Verfassungsentwurf für die EU ab.
**2006** Amsterdam feiert das 400. Geburtsjahr des Malers Rembrandt van Rijn (1606–1669) mit zahlreichen Aktivitäten und Schauen.
**2007** Die New York Stock Exchange (NYSE) und Euronext, die europäische Dreiländerbörse von Frankreich, Belgien und den Niederlanden mit Sitz in Amsterdam, fusionieren zur größten Börse der Welt. Die NYSE bezahlt 10 Milliarden $ für die Übernahme.
**2008** Seit 1. Juli ist in den Niederlanden das Rauchen in Restaurants und Kneipen verboten.

*Anne Frank, Holocaust-Opfer*

*Königin Beatrix der Niederlande*

*Der Präsident der NYSE John Thain verkündet die Fusion von Euronext und NYSE* ▷

Nicht nur zur Weihnachtszeit erstrahlt die Magere Brug, das Wahrzeichen Amsterdams, in feierlichem Lichterglanz

# Unterwegs

# Der Dam – das Herz der Grachtenmetropole

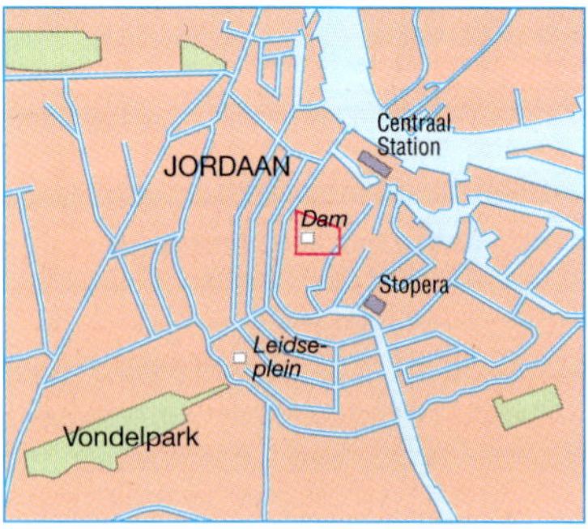


Die Siedlung **Amestelledamme** wurde um 1270 anlässlich der Errichtung eines Dammes an der Mündung der Amstel in die Zuiderzee, dem heutigen IJsselmeer, gegründet. Dieser Dam, der der Stadt auch ihren Namen gab, war über 700 Jahre lang Schauplatz von Festen und Märkten, Aufständen und Demonstrationen. Hier drängte sich das Volk bei Hinrichtungen um Schafott und Scheiterhaufen, hier priesen Marktfrauen lautstark Fisch an, hier stapelten sich exotische Waren aus Südostasien vor der Stadtwaage. Die 1565 erbaute Stadtwaage existiert allerdings nur noch auf Bildern. *Louis Napoleon*, 1806 von seinem Bruder Napoleon Bonaparte als König der Niederlande eingesetzt, hat sie zwei Jahre später abreißen lassen, um freie Sicht vom königlichen Palast auf den Hafen zu haben. Auch dieser existiert nicht mehr, wurde Ende des 19. Jh. zugeschüttet. An seiner Stelle erhebt sich heute das 1956 errichtete **Nationaal Monument**, mit dem man der Opfer des Nationalsozialismus gedenkt und das im Sommer von Einheimischen und Besuchern aus aller Welt bevölkert wird. Mit dem **Koninklijk Paleis**, dem prächtigen alten Rathaus aus dem 17. Jh., das seit Louis Napoleon von der königlichen Familie als Residenz genutzt wird, und der spätgotischen

TOP TIPP

**Nieuwe Kerk**, dem zweitältesten Sakralbau Amsterdams, liegen weitere wichtige Sehenswürdigkeiten am **Dam**. Der zentrale Platz, das Herz der Altstadt, ist zudem idealer Ausgangspunkt für eine Erkundung der Grachtenmetropole.

## 1 Koninklijk Paleis

*»Es ist ein schönes und imposantes Gebäude, geschmackvoll und einfach, groß und majestätisch; es entspricht ganz dem Begriff eines Hauses, aus dem dieser merkwürdigen Republik Gesetze gegeben werden«.*

Arthur Schopenhauer

Dam
Tel. 020/620 40 60
www.koninklijkhuis.nl
wg. Renovierung bis 2009 geschl.
Straßenbahn: 1, 2, 4, 5, 9, 16, 20, 24, 25
Bus: 21, 142, 170, 171, 172

13 659 – jedes Amsterdamer Schulkind kennt diese Zahl: Auf so vielen **Baumstämmen** nämlich steht der Königliche Palast. Der Magistrat ließ 1648, in dem Jahr, in dem der *Westfälische Friede* von Münster die Unabhängigkeit der Niederlande besiegelte, einen ganzen Wald von über 20 m langen Fichtenstämmen dicht an dicht in den Schwemmsand am Dam rammen, um darauf ein neues Rathaus zu errichten. Der nach Plänen von *Jacob van Campen* (1595–1657) in siebenjähriger Bauzeit geschaffene Sitz der Stadtverwaltung ist das Prunkstück des **niederländischen Klassizismus**, der große niederländische Dichter *Constantijn Huygens* (1596–1687) sah in ihm bei »so viel Steinen hoch hinauf und so viel Holz darunter« gar das »Achte Weltwunder«. Mit Ausmaßen von 80 × 56 m und einem 51 m hohen Glockenturm war der Bau 150 Jahre lang das größte Rathaus Europas und ein prestigeträchtiges Symbol der Macht und des Wohlstands der Handelsstadt Amsterdam in der Blütezeit des 17., des Goldenen Jahrhunderts.

Als 1652 im Rathaus ein Feuer ausbrach, rief man zunächst Bürgerwehr und Armee, um das Bauwerk vor Eindringlingen zu schützen – schließlich lagerten hier die Geldreserven der Börse.

*Prestigeobjekt – mit dem Bau des repräsentativen Rathauses (heute Koninklijk Paleis) am Dam demonstrierte die Stadt im 17. Jh. ihre Macht*

Am Tag nach dem Brand zeigte sich das ganze Ausmaß des Schadens: 30 Mio. Silbergulden waren zu einem riesigen Klumpen Silber geschmolzen.

1808 machte der von seinem Bruder Napoleon Bonaparte als König der annektierten Niederlande eingesetzte *Louis Napoleon* das Rathaus zu seiner Residenz. Doch bereits zwei Jahre später hängte er seine Krone an den Nagel und verließ Amsterdam, unwillig, die für Holland verheerende Politik seines Bruders weiterhin mitzutragen [s. S. 14]. Zurück ließ er eine Sammlung herrlicher **Empire-Möbel** und ein Gesetz, dessen Einhaltung noch bis 1940 von der Palastwache kontrolliert wurde: Das Verbot, einen durch kleine Steine markierten Streifen Boden vor dem Palast zu betreten. Der Grund? Als der Franzose hier residierte, fand man eines Tages in einem Wachhäuschen einen ausgesetzten Säugling, und es hieß, der König werde für das Kind sorgen. Diesem grauste bei dem Gedanken an weitere Findelkinder, und so verordnete er den Bann.

Nach der Befreiung vom französischen Joch residierte *König Wilhelm I.* im Koninklijk Paleis. 1935 gelangte das Gebäude in staatlichen Besitz. Heute wird der Palast von Königin Beatrix zu offiziellen Empfängen genutzt.

Die strengen **Palastfassaden** von Vorder- und Rückseite mit ihren Reihen schmaler Fenster werden durch Eckrisalite und einen breiten, von einem Tympanon bekrönten Mittelrisalit akzentuiert. Der reiche Skulpturenschmuck der Giebelfelder stammt aus der Werkstatt des Antwerpe-

*Ein Straßenkünstler am Dam ringt um die Aufmerksamkeit der Passanten*

*Hoch hinaus – der prunkvolle Burgerzaal, einer der schönsten Festsäle Europas, nimmt drei Geschosse des Koninklijk Paleis ein*

ner Bildhauers *Artus Quellinus* (1609–1668). Er und seine Mitarbeiter, darunter Rombout Verhulst, haben 14 Jahre lang daran gearbeitet. Die **Tympanonskulpturen** an der dem Dam zugewandten Hauptfassade zeigen eine Allegorie der Stadt Amsterdam als Herrscherin der Meere – personifiziert durch die Amsterdamse Stedemaagd (Amsterdamer Stadtmagd), der Meeresgötter und Seeungeheuer huldigen. Im Tympanon an der Rückseite breiten die Allegorien der vier Weltteile ihre Schätze vor Amsterdam aus. Der **Turm** des Palastes trägt ein Glockenspiel aus der Werkstatt der berühmten Glockengießerbrüder *François* und *Pieter Hemony*, auf der Turmkuppel erinnert eine Wetterfahne in Form einer Kogge an jenen Schiffstyp, der im 17. Jh. zum Reichtum der Hafenstadt beigetragen hat.

Hauptattraktionen im **Inneren** des Palastes, der trotz der teilweisen Nutzung durch die königliche Familie in den Sommermonaten besichtigt werden kann, sind zwei imposante Räume, der Gerichtssaal und der große Bürgersaal. Im Eingangsbereich im Erdgeschoss befindet sich der ehemalige Gerichtssaal **Vierschaar**, in dem einst ausschließlich Todesurteile verkündet wurden, die der Henker unverzüglich auf dem Platz vor dem Gebäude vollstreckte. Drei große, 1650–52 geschaffene Reliefs mit antiken und alttestamentarischen Gerichtsszenen, die ebenso wie der Figurenschmuck am Außenbau aus der Werkstatt von Artus Quellinus stammen, mahnten die Richter an ihre Pflichten. Die Darstellung der ›*Gnade*‹ zeigt den griechischen Gesetzgeber Zaleukos, der sich ein Auge ausstechen lässt, um seinem zum Verlust beider Augen verurteilten Sohn eines zu retten (links). Im Relief der ›*Weisheit*‹ vermittelt König Salomon im Streit zweier Frauen (Mitte). Die 3. Gerichtsszene, die ›*Gerechtigkeit*‹, präsentiert den römischen Konsul Brutus, der seine eigenen Söhne enthaupten lässt (rechts).

Über eine schmale Treppe erreicht man den zwischen zwei Innenhöfen liegenden prunkvollen **Burgerzaal**, der mit 28 m fast die gesamte Höhe des Gebäudes einnimmt und zu den schönsten Festsälen Europas zählt. Über dem Eingang an der Damseite wacht, Palm- und Olivenzweig als Zeichen des Friedens in den Händen, die Amsterdamse Stedemaagd, flankiert von Personifikationen der ›Tapferkeit‹ und ›Weisheit‹, während über dem rückwärtigen Eingang der Sieg der ›Gerechtigkeit‹ über die ›Habgier‹

und den ›Neid‹ in den Gestalten des eselsohrigen Königs Midas und einer Frau mit Schlangen im Haar dargestellt ist. Der ›Tod‹ mit seiner Sanduhr und die ›Strafe‹ mit ihren Folterwerkzeugen stehen der ›Gerechtigkeit‹ zur Seite. Man betritt den Bürgersaal durch schwere, ebenfalls von Quellinus geschaffene Bronzetüren. Auf dem Marmorfußboden – die kupfernen Einlegearbeiten stellen die beiden Erdhälften und den nördlichen Sternenhimmel dar und unterstreichen den damaligen Anspruch der Stadt auf die Führungsrolle im Welthandel – führten Kronprinzessin Beatrix und Claus von Amsberg (1926–2002) 1966 frisch vermählt zu Strauß'schen Walzerklängen den Hochzeitsball an, während draußen lautstark »Claus raus!«-Rufe gegen den Palast brandeten. Das Volk war erzürnt über die Verbindung mit dem Deutschen. Reichlich Marmor findet man auch an den Wänden und Säulen des hohen Saals, nur die oberen Wandpartien wurden – um das Gewicht zu reduzieren – mit hölzernem Marmorimitat ausgekleidet. Aus demselben Grund entschied man sich auch für ein leichtes hölzernes Tonnengewölbe. Zahlreiche allegorische Wand- und Deckengemälde, u.a. von den Rembrandt-Schülern *Govert Flinck* (1615–1660) und *Ferdinand Bol* (1616–1680) sowie von *Jan Lievens* (1607–1674) und *Jacob Jordaens* (1593–1678), außerdem Marmorskulpturen und Reliefs von Artus Quellinus und Rombout Verhulst schmücken den Saal.

Rembrandt (1606–1669) brachte das Rathaus offensichtlich kein Glück. Erst hatten die Stadtväter das von ihm in ihrem Auftrag geschaffene monumentale Gemälde ›Die Bataver schwören dem Claudius Civilis Treue‹ (heute Nationalmuseum Stockholm) zurückgewiesen, später musste das bankrotte Malergenie in der Konkurskammer, der **Desolate Boedelskamer** an der Ostseite des Bürgersaals, seine Vermögensverhältnisse offen legen. Diese ›Kammer‹ ist einer von mehreren Diensträumen, die den Bürgersaal umgeben, und auf deren Funktion Gemälde über den Eingängen hinweisen. So wird über der Konkurskammer der ›Sturz des Ikarus‹, umgeben von leeren Geldtruhen, zerfledderten Geldbörsen, Giftpflanzen und Ratten, die an Stapeln unbezahlter Rechnungen nagen, dargestellt.

Eine ganze Phalanx antiker Gottheiten haben die Künstler, dem Geschmack der damaligen Stadtväter entsprechend – diese verglichen sich selbst gerne mit römischen Konsuln –, als Figurenschmuck der Galerien aufgeboten: Apollo und Jupiter sowie Diana und Merkur bereichern die **Südgalerie**, Saturn, Mars, Venus und Kybele die **Nordgalerie**.

## 2 Nieuwe Kerk

TOP TIPP *Interessante Wechselausstellungen locken mehr Besucher an als die selten abgehaltenen Gottesdienste.*

Dam
Tel. 020/638 69 09
www.nieuwekerk.nl
bei Ausstellungen tgl. 10–18 Uhr
Straßenbahn: 1, 2, 4, 5, 9, 11, 13, 16, 17, 20, 24, 25
Bus: 21, 142, 170, 171, 172

Gegenüber vom Koninklijk Paleis erhebt sich die Nieuwe Kerk, die Neue Kirche, die allerdings nicht so neu ist, wie ihr Name vermuten lässt. Ihre Stiftungsurkunde nämlich datiert von 1408 und weist sie damit als eine der ältesten Kirchen Amsterdams aus. Das riesige Gotteshaus, eine spätgotische Basilika auf kreuzförmigem Grundriss, wurde bereits im frühen 15. Jh., noch vor der Fertigstellung, durch einen Brand verwüstet. Weitere, z.T. verheerende Feuersbrünste folgten. Beim Wiederaufbau Mitte des 16. Jh. hatte das Innere eine prächtige Ausstattung erhalten, die jedoch 1566 und 1578 von fanatischen Bilderstürmern zerstört wurde.

Seit Anfang des 19. Jh. dient die Kirche den niederländischen Regenten als ›Krönungskirche‹ – eine Krönung jedoch sieht die niederländische Verfassung gar nicht vor, lediglich eine Investitur (Amtseinsetzung). Wilhelm I. war 1815 der erste, der hier feierlich in sein Amt eingesetzt wurde, 1980 folgte ihm als bislang letzte Regentin die derzeitige niederländische Königin Beatrix. Heute finden in der Nieuwe Kerk aufgrund des geringen Interesses nur noch selten Gottesdienste statt. Vielmehr nutzt man die herrliche Atmosphäre des Sakralbaus regelmäßig für Orgelkonzerte, Kunst- und Antiquitätenausstellungen.

Wer nach einem der Größe der Kirche angemessenen Glockenturm sucht, tut das vergebens: Auf dem Dach hockt nur ein unscheinbares **Vierungstürmchen**, das schwer an seinen drei Glocken aus der Werkstatt von *François Hemony* trägt.

Zwar hatte es bereits 1565 Pläne für einen mächtigen Turm gegeben, mit seinem Bau wurde jedoch erst nach dem Brand von 1645, der die Kirche schwer beschädigt hatte, begonnen. Um für eine standfeste Basis zu sorgen, wurden auch hier Tausende Baumstämme in den Untergrund gerammt. Schon nach wenigen Jahren kam es jedoch zum Baustopp – vermutlich aus finanziellen Gründen, denn das zeitgleich errichtete Rathaus verschlang alle vorhandenen Mittel. Außerdem befürchteten die Ratsherren, ein monumentaler Kirchturm könne das benachbarte Rathaus allzu sehr überragen.

Das weite dreischiffige **Kircheninnere** mit dem mächtigen Querhaus birgt einige sehenswerte Kunstwerke, von denen während einer Ausstellung allerdings häufig manches schwer zugänglich oder von Verkleidungen verdeckt ist. Die herrlichen Glasmalereien der Fenster, die aus verschiedenen Jahrhunderten stammen, stellen historische Ereignisse der Stadt Amsterdam dar. Eines von 1590 zeigt die Übergabe des Stadtwappens durch Graf Willem IV. Jüngeren Datums, von 1898, ist das ›Königsfenster‹ mit der Inthronisation von Königin Wilhelmina. Die imposante sechseckige **Kanzel** im Mittelschiff schuf *Albert Jansz. Vinckenbrinck* innerhalb von 15 Jahren (1649–64). Ihr reicher Figurenschmuck, die vier Evangelisten und die Tugenden ›Glaube‹, ›Liebe‹, ›Hoffnung‹ sowie ›Gerechtigkeit‹ und ›Vorsicht‹, zählt zu den Meisterwerken barocker niederländischer Holzschnitzkunst. Musizierende und tanzende Putten, Vögel, Blumen und Früchte sowie, im oberen Bereich, der von musizierenden Frauen umgebene König David schmücken die große Orgel von 1670, deren Front *Jacob van Campen* gearbeitet hat. Ein wuchtig-imposantes Chorgitter aus Messing von ca. 1650 grenzt den Chor vom Querhaus ab. In der Apsis, anstelle des Hochaltars, prunkt das vom Mechelener Bildhauer *Rombout Verhulst* (1614–1698) geschaffene barocke **Grabmal von Admiral Michiel de Ruyter**. Der holländische Seeheld wurde 1676 in der Schlacht gegen die Franzosen nahe der sizilianischen Küste tödlich verwundet. Weitere berühmte Persönlichkeiten, die in der Kirche ihre letzte Ruhestätte fanden oder mit Kenotaphen geehrt wurden, sind die Dichter Joost van den Vondel und Pieter C. Hooft, der Arzt Nicolaas Tulp, die Glockengießerbrüder François und Pieter Hemony, die Seefahrer Jan van Galen, Jan van Kinsbergen und Jan van Speyk. Letzterer wurde zum Helden, indem er sich und die Besatzung seines Kanonenbootes 1831 während des belgischen Unabhängigkeitskampfes im Hafen von Antwerpen in einem ebenso heroischen wie sinnlo-

*Der Blick nach vorne – das dreischiffige Innere der Nieuwe Kerk besticht durch seine bedeutenden Kunstwerke wie z. B. die barocke sechseckige Kanzel*

sen Akt in die Luft sprengte, um nicht kapitulieren zu müssen. Wie es heißt, hat man von ihm nur noch einen Fetzen Haut gefunden, der jetzt, in Spiritus konserviert, im Nederlands Scheepvaart Museum [s. S. 99] zu besichtigen ist.

## 3 Nationaal Monument

*Das Mahnmal für die Opfer des Zweiten Weltkriegs ist ein beliebter Treffpunkt für Einwohner und Besucher.*

Dam
Straßenbahn: 1, 2, 4, 5, 9, 13, 14, 16, 17, 24, 25
Bus: 21, 142, 170, 171, 172

Auf der anderen Seite des weiten Platzes Dam ragt unübersehbar der 22 m hohe Obelisk des nach Plänen des Architekten *J. J. P. Oud* erbauten Nationaal Monument empor, ein Mahnmal zum Gedenken an die Opfer des Zweiten Weltkriegs. Die Skulpturen des Bildhauers *John Raedecker* verkörpern ›Krieg‹ (vier Männer), ›Frieden‹ (Frau mit Kind) und ›Widerstand‹ (Männer mit Hunden). An der Rückseite wurden zwölf Urnen mit Erde aus elf niederländischen Provinzen – die zwölfte, Flevoland, wurde erst 1986 gegründet – und von Ehrenfriedhöfen in Indonesien eingemauert. Um das Denkmal zu finanzieren teilte man den Dam in 400 000 Parzellen auf und verkaufte diese symbolisch. Seit seiner Einweihung am 4. Mai 1956, dem nationalen Trauertag, findet hier alljährlich an diesem Tag im Beisein der Königlichen Familie eine Gedenkfeier statt.

## 4 Grand Hotel Krasnapolsky

TOP TIPP *Spitzenhotel mit stilvollem Wintergarten.*

Dam 9
[s. S. 131]
Straßenbahn: 1, 2, 4, 5, 9, 13, 14, 16, 17, 24, 25
Bus: 21, 142, 170, 171, 172

Der 1880 eröffnete Wintergarten, dessen ursprüngliches Aussehen bis heute bewahrt werden konnte, ist das Glanzstück des ansonsten eher unscheinbaren Grand Hotels. Gusseiserne Bögen tragen sein 487 m² große Glasdach, unter dessen First sich zahlreiche Wappen reihen. In

*Mahnmal für die Opfer des Zweiten Weltkriegs – das Nationaal Monument*

den Giebelfeldern thronen die ›Amsterdamse Stedemaagd‹ und die ›Maagd van Holland‹, während die Seitenwände mit im Stil des Art déco gehaltenen Wandmalereien und Spiegeln geschmückt sind. Das von den Amsterdamern schlicht ›Kras‹ genannte Hotel ist genau die richtige Adresse, um in gepflegter Umgebung fürstlich zu dinieren.

Der englische Schriftsteller *Joseph Conrad*, der 1887 während eines bitterkalten Winters als Erster Offizier eines Seglers im Hafen von Amsterdam auf Ladung warten musste, konnte die Eiseskälte auf dem Schiff, wo trotz bullernden Ofens die Tinte gefror, nicht ertragen, nahm täglich die Pferdetram in die Stadt und suchte im Wintergarten des Krasnapolsky Zuflucht. In ›The Mirror of the Sea‹ erinnert er sich an das überaus prächtige Café: »Es war ein riesiges Lokal, sehr vornehm mit viel Vergoldung und roten Plüschmöbeln, dazu strahlendem elektrischen Licht, und so gut geheizt, dass sich sogar die Marmortische lauwarm anfühlten«.

Wäre Conrad ein paar Jahre früher dort gewesen, vielleicht hätte er sich dann

*Der stilvolle Wintergarten des Grand Hotel Krasnapolsky mit seiner Glas-Eisen-Architektur ist das ideale Ambiente für eine Kaffeepause*

über zu viel Hitze beklagt. Denn zunächst hatte der Besitzer Krasnapolsky gut 4000 Gaslampen installieren lassen, die die Gäste im Wintergarten arg ins Schwitzen und die Pflanzen zum Verdorren brachten. Schon nach sechs Monaten erhielt er jedoch die Erlaubnis, die Gasbrenner durch Glühlampen zu ersetzen. Stets auf technische Neuerungen erpicht, war er auch der erste in der Stadt, der in seinem Hotel öffentliche Telefone betrieb und neben einer Herrentoilette auch eine für Damen einrichtete – damals eine Sensation.

## 5 Madame Tussaud's

*Filiale des berühmten Londoner Wachsfigurenkabinetts.*

Dam 20
Tel. 020/523 06 23
www.madametussauds.nl
tgl. 10–17.30, Juli/Aug. bis 20.30 Uhr
Straßenbahn: 1, 2, 4, 5, 9, 13, 14, 16, 17, 24, 25
Bus: 21, 142, 170, 171, 172

Die drei Königinnen der Niederlande, Rembrandt, Van Gogh, Wilhelm von Ora-

*Wachs in den Händen des Künstlers – bei Madame Tussaud's werden Szenen aus dem 17. Jh. nachgestellt, hier der Maler Jan Vermeer bei der Arbeit*

nien und Johan Cruijff – bei Madame Tussaud's, direkt neben dem Gebäude des Kaufhauses Peek & Cloppenburg, sind sie alle vertreten, die Großen des Landes aus Vergangenheit und Gegenwart, natürlich aus Wachs. Die 1970 eröffnete umfangreiche Ausstellung war das erste Wachsfigurenkabinett außerhalb Londons. Zusammen mit George W. Bush und Nelson Mandela, Jon Bon Jovi, Robbie Williams, den unvermeidlichen Brad Pitt und Angelina Jolie sowie Albert Einstein, Mahatma Gandhi, Marilyn Monroe sowie vielen anderen bilden die Wachsfiguren eine illustre Schar von über hundert bekannten Persönlichkeiten aus Geschichte, Politik, Wissenschaft und Showbusiness. Doch ist Madame Tussaud's mehr als nur eine Sammlung wächserner Figuren. Mit viel Liebe zum Detail hat man hier außergewöhnliche Szenen aus dem *Goldenen Jahrhundert* zusammengestellt und Meisterwerke Vermeers und Jan Steens lebensgroß inszeniert. Zudem kann man in die Kulissen aktueller Kinohits eintauchen.

## 6 Magna Plaza

TOP TIPP

*Die ehemalige Hauptpost wurde in ein modernes Shoppingcenter verwandelt.*

Nieuwezijds Voorburgwal 182
www.magnaplaza.nl
Straßenbahn: 1, 2, 5, 13, 14, 17
Bus: 170, 172

›Birnenburg‹ nennen die Einheimischen den rot-weiß gestreiften, neugotischen Backsteinbau der ehemaligen Hauptpost hinter der Nieuwe Kerk respektlos wegen seiner birnenförmigen Turmspitzen. 1992 kaufte der schwedische Millionär Magnusson das Ende des 19. Jh. von Cornelius H. Peters geschaffene Bauwerk und wandelte es in eine Shopping Mall à la USA um, mit rund 40 Geschäften, u. a. Modeboutiquen, Konfiserien, Musikshops, Parfümerien und natürlich Restaurants und Cafés. Ein Streifzug durch die lichte, vierstöckige Säulengalerie lohnt sich auch für jeden, der nur schauen möchte.

*Shoppingcenter Magna Plaza im Gebäude der ehemaligen Hauptpost*

HOTEL
AMUSEMENT
HOTEL
PIZZERIA
USA PIZZA'S
HOTEL

# Der Damrak – die belebte Eintrittspforte nach Amsterdam

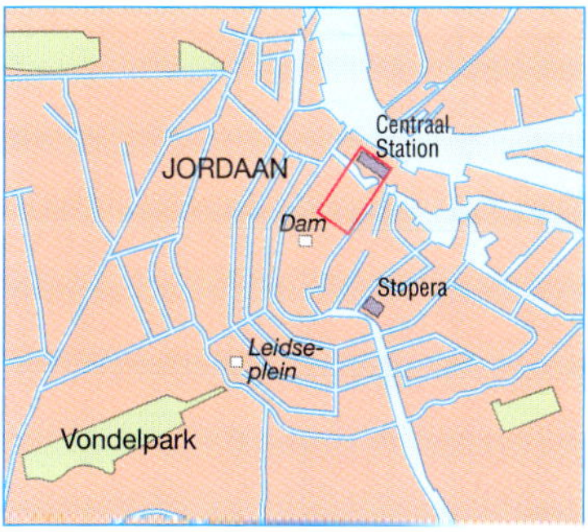


Reisten die Händler und Kaufleute früherer Jahrhunderte meist auf dem Schiffsweg an, so kommen die heutigen Touristen vielfach mit dem Zug. Für sie ist die Centraal Station, der am alten Hafen gelegene Hauptbahnhof, das *Tor nach Amsterdam*. Dort, wo sich heute das Bahnhofsgebäude erhebt, verlief einst vom Hafen bis zum Dam ein Ausläufer der Amstel, der **Damrak**. Dieser wurde im 19. Jh., bis auf einen kleinen Abschnitt zwischen der Nieuwe Brug und der Beurs van Berlage, zugeschüttet. Wo sich während des Goldenen Jahrhunderts an den Kais die *Leichter* und kleineren *Koggen* reihten, rattert heute die Tram. Wo damals schwer beladene Karren und Frachtschlitten von Pferden über das Kopfsteinpflaster geschleppt wurden, schieben sich jetzt Ströme von Fußgängern über das Trottoir und radeln *Fietsers* den Fahrradweg entlang. Wie bunte Perlen auf einer billigen Kette reihen sich hier Kitsch- und Souvenirläden, schummrige Hotels, Fastfoodstuben und Geldwechsler aneinander. Dies ist die eine, auf den Touristen als sprudelnde Geldquelle abgestellte Seite der Grachtenmetropole. Doch mit der **Centraal Station**, einem überaus prächtigen Gebäude im Stil des Historismus, und der ehemaligen Kaufmannsbörse **Beurs van Berlage**, mit der die moderne Architektur der Niederlande eingeläutet wurde, liegen hier auch zwei wichtige Baudenkmäler Amsterdams.

## 7 Centraal Station

*Poort van Amsterdam – Tor nach Amsterdam – wird der Bahnhof am alten Hafen auch genannt.*

De Ruijterkade
Metro: 51, 53, 54
Straßenbahn: 1, 2, 4, 5, 9, 13, 16, 17, 24, 25
Bus: 18, 21, 22, 32–36, 39, 43, 59, 92, 94, 100, 104, 106–108, 110–112, 114–117, 142, 170–172, 326

Keinen Fuß werde er in diesen katholischen Bau setzen, hatte *König Wilhelm III.* anlässlich der Eröffnung der Centraal Station verkündet. Der Amsterdamer Hauptbahnhof entstand in den Jahren 1877–89 nach Plänen von *Petrus J. H. Cuypers* (1827–1921), einem Architekten aus der katholischen Provinz Limburg, der überwiegend Sakralbauten schuf, und *A. L. van Gendt* (1835–1901). Einstimmige Ablehnung auch vom Amsterdamer Stadtrat, nicht jedoch wegen der deutlichen kirchenbaulichen Anleihen, sondern wegen des Standortes am alten Hafen, über den in Den Haag entschieden worden war. Der Hauptbahnhof schloss nun den einstmals offenen Hafen gegen die Stadt ab – und die Jahrhunderte alte Wasserfront war damit unwiederbringlich zerstört.

Als Untergrund für die Centraal Station wurden im Becken des einst geschäftigsten Hafens der Welt drei künstliche Inseln aufgeschüttet und 8687 Pfähle 12 m tief in den Sand getrieben. Der Bahnhof, ein lang gestrecktes rotes Backsteingebäude im Stil des niederländischen Historismus, zählt zu den prächtigsten Bauwerken der

◁ **Oben:** *Kirche oder Bahnhof, das ist hier die Frage – König Wilhelm III. kritisierte die Architektur der Centraal Station bei der Eröffnung als zu ›katholisch‹*
**Unten:** *Im Zentrum des Geschehens – der belebte Damrak verbindet die Centraal Station mit dem Dam*

Hauptstadt. Die Fassade mit ihrem erhöhten Mittelgiebel und den beiden Uhrtürmen wird im oberen Bereich von den Wappen der Niederlande und der Stadt Amsterdam geschmückt sowie von jenen einiger ausländischer Städte, zu denen eine Bahnverbindung besteht, u. a. Madrid, Wien und St. Petersburg. Allegorische Darstellungen im unteren Bereich der Türme und oberhalb der Fenster präsentieren Handel, Ackerbau und Viehzucht sowie Zivilisation, Brüderlichkeit und Gemeinwohl. Die Einzelfiguren stellen griechische Götter dar.

Derzeit erfährt der Bahnhof die tiefgreifendste **Umgestaltung** seit seiner Erbauung: Viele der alten Eichenpfähle werden durch Betonsäulen ersetzt, eine U-Bahn wird den Bau von Nord nach Süd unterqueren, zum Hafen hin wird ein neuer Busbahnhof auf frisch aufgeschüttetem Land errichtet. Die Arbeiten dauern noch bis 2013 an.

Eine besondere Attraktion im Inneren des Bahnhofsgebäudes ist die *Wachtkamer 1e Klas* in der Abfahrtshalle, der ganz im Jugendstil gehaltene, eichenholzgetäfelte ehemalige Wartesaal der 1. Klasse.

*Ins rechte Licht gesetzt – das elegante Grand Café 1e Klas in der Centraal Station ist unbedingt einen Besuch wert*

Brauchte man früher ein entsprechendes Bahnticket um Einlass zu erhalten, kann man heute die herrliche Atmosphäre bei einer Tasse Kaffee im **Grand Café 1e Klas** genießen [s. auch S. 124]. Links nebenan befindet sich hinter einem mächtigen schmiedeeisernen Gittertor der königliche Wartesaal.

## 8 Seks Museum De Venustempel

*Das Seks Museum hat zwar nicht allzu viel zu bieten, lockt aber dennoch zahlreiche neugierige Besucher in seine Ausstellungsräume.*

Damrak 18 und 22
Tel. 020/622 83 76
www.sexmuseumamsterdam.nl
tgl. 9.30–23.30 Uhr
Straßenbahn: 1, 2, 5, 13, 17

Museen sprießen in Amsterdam wie Pilze aus dem Boden. So ist es nicht weiter verwunderlich, dass es hier auch zwei Sex-Museen gibt. Wer von der Centraal Station kommt, stößt gleich zu Beginn des Damrak auf das Seks Museum De Venustempel. Clevere Touristenfalle oder gehaltvolle Sammlung mit Informationscharakter? Über den Anspruch dieser bizarren Anhäufung eindeutiger Figuren, Cartoons, erotischer Fotos und Pornofilme, ein Museum zu sein, sollte sich jeder sein eigenes Urteil bilden. Immerhin, das Museum ist recht gut besucht. Ebenso wie das **Erotisch Museum** (Oudezijds Achterburgwal 54), von dem Kenner allerdings behaupten, dass es längst nicht so viel biete, wie das auf dem Damrak …

## 9 Beurs van Berlage

*Da in der Kaufmannsbörse nicht nur die Kurse schwankten, musste der instabile Untergrund gesichert werden. Heute ist die ehemalige Börse ein Kulturzentrum.*

Damrak 243
Tel. 020/530 41 41
www.beursvanberlage.nl
Straßenbahn 4, 9, 16, 24, 25

Während die großen Metropolen Europas schon lange respektable Handelshäuser vorweisen konnten, spielte sich der überaus rege Handel in Amsterdam noch immer auf der Straße und – bei Re-

*Mit einem Boot fährt man in Amsterdam immer noch am besten*

## Transport zu Wasser und zu Lande

Die engen, von Grachten durchzogenen Straßen Amsterdams mit Hunderten von Brücken haben den Bewohnern seit jeher viel Fantasie abverlangt, wenn es darum ging, den Verkehr in der Stadt zu meistern. Kahn und Boot waren und sind das adäquate **Transportmittel**, und wenn man sich heute auch nicht wie in Venedig von Gondolieri herumfahren lassen kann, so steht doch das **Wassertaxi** zur Verfügung – und für die Touristen natürlich zahllose Ausflugsboote, die Rundfahrten durch die Grachten anbieten.

In Amsterdam herrschte schon im Mittelalter ein **hohes Verkehrsaufkommen**. Händler und Reisende mussten daher ihre Fuhrwerke auf Plätzen vor den Stadttoren ›parken‹ und ihre Waren auf kleinere Gefährte umladen. Nicht alle Karren hatten jedoch Räder, wie Arthur Schopenhauer bemerkte, als er sich im Jahr 1803, damals war er 15 Jahre alt, mit seiner Mutter Johanna in der Stadt aufhielt: »... sehr auffallend für Fremde sind die sogenannten Schleifen. Dies sind Kutschen ohne Räder, die auf zwei gebogenen Hölzern wie Schlitten ruhen und von einem Pferd langsam gezogen werden«. Die **Kutschen mit Kufen** hatte der Stadtrat verordnet, um die Lärmbelästigung durch das Rattern der Räder auf dem holprigen Pflaster zu mindern. Und damit die Schleifen sanft und geräuscharm gleiten konnten, mussten sie häufig eingefettet werden.

Schwere **Gespanne** allerdings kamen nur mühsam über die stark gewölbten Brücken hinweg. Hätten da nicht einfallsreiche Männer den Beruf des **Kar-ga-door** (Karren-geh-durch) erfunden, wären die Stauberichte schon damals endlos lang ausgefallen. Mit Seil und Haken ausgerüstet, postierten sie sich an den Brücken und verdienten ihr täglich Brot, indem sie halfen, die Karren auf die andere Seite zu ziehen. Manche Unternehmer setzten dagegen auf **Minigespanne**. So ließen die Milchmänner noch bis 1930 ihre Wägelchen von Hunden ziehen und halfen bei den Brückenüberquerungen tatkräftig mit.

1872 wurde die Straßenbahn eingerichtet und ständig weiterentwickelt, von der Pferdetram über die Dampftram zur Elektrischen. Sie ist heute aus dem Amsterdamer Stadtbild nicht wegzudenken. Das batteriebetriebene **Witkar**, ein weißes Elektroauto, das in den 60er-Jahren des 20. Jh. aufgetaucht war, konnte sich hingegen nicht durchsetzen. Ursprünglich sollten 1500 dieser umweltfreundlichen Fahrzeuge, die gegen einen geringen Fahrpreis von den Mitgliedern der Vereinigung ›Witkar‹ benutzt werden konnten, durch Amsterdams Straßen rollen, doch brachte man es nur auf 35. Und weil diese zu oft auf halber Strecke liegen blieben, wurde der Betrieb alsbald eingestellt. Auch das Unternehmen **Weißes Fahrrad** scheiterte kläglich. Die Fahrräder standen zur kostenlosen Benutzung bereit und sollten nach Gebrauch einfach für den nächsten Fahrradfahrer stehengelassen werden, doch waren alle zur Verfügung gestellten Exemplare bereits nach wenigen Tagen verschwunden. Amsterdam mit seinen vielen schmalen Straßen und Gassen ist einfach eine Fahrradstadt, besonders nachdem weite Teile der Altstadt verkehrsberuhigt wurden. Daran ändert auch die Tatsache nichts, dass gut 200 000 der knapp 600 000 Räder alljährlich gestohlen werden.

gen – auch in der Oude Kerk ab. Das sollte sich zu Beginn des 17. Jh. ändern. Deshalb schickte die Stadt ihren Baumeister *Hendrik de Keyser* (1565–1621) nach London, um sich von der Architektur der dortigen Börse inspirieren zu lassen. 1608 war De Keysers **Koopmansbeurs** fertiggestellt, ein repräsentatives, am Rokin gelegenes Bauwerk, das die Amstel überspannte. Mit umgelegten Masten konnten die Schiffe unter der Börse hindurchfahren. 1835 wurde das Gebäude abgerissen. Zehn Jahre später errichtete man ein neues Börsengebäude am Dam, das, als der Untergrund bereits wenige Jahrzehnte nach Fertigstellung abzusacken begann, Anfang des 20. Jh. ebenfalls abgerissen werden musste. An seiner Stelle erhebt sich heute das *Magazijn De Bijenkorf.* Ein drittes Handelsgebäude, die Beurs van Berlage, entstand am Damrak.

Die nach ihrem Erbauer *Hendrik Petrus Berlage* (1856–1934) benannte Beurs van

*Die Beurs van Berlage, der einstige Umschlagplatz für exotisches Handelsgut, ist heute Sitz des Niederländischen Philharmonischen Orchesters*

*Freiheit und Handel, die beiden Garanten für den wirtschaftlichen Aufschwung der Niederlande im 17. Jh. – farbenprächtige Glasmalereien im Sitzungssaal der Beurs van Berlage*

Berlage wurde 1903 nach fünfjähriger Bauzeit eröffnet und markiert den Beginn **moderner Architektur** in den Niederlanden. Mit dem von drei Arkaden überspannten Eingangsbereich und dem quadratischen Turm erinnert das Gebäude zwar an mittelalterliche italienische Kommunalpaläste, mit den strengen Linien und Formen sowie dem spärlichen Fassadenschmuck hebt es sich jedoch deutlich von dem damals vorherrschenden Stil des Historismus ab.

Der Architekt beteiligte eine Anzahl von Künstlern anderer Disziplinen an seinem Bauwerk. Die Wandmalereien, die man beim Besuch des Cafés in der ehemaligen Börse bewundern kann, ließ er von Jan Toorop und Roland Holst ausführen, die Glasfenster von Antoon J. der Kinderen, und die Skulpturen stammen aus den Werkstätten von Lambertus Zijl und Mendes da Costa. An der Gebäudeecke Damrak/Beursplein harrt, in Stein gehauen, Gijsbrecht van Amstel aus, ein holländischer Adliger des 13. Jh., während man mit der Statue Jan Pieterszoon

Coens an der Südostecke den ebenso erfolgreichen wie skrupellosen Eroberer von Jakarta und einstigen Gouverneur der Kolonien in Asien ehrt.

Seit dem erneuten Umzug der Börse ist der prächtige Bau Sitz des Niederländischen Philharmonischen Orchesters. Zudem finden im Versammlungssaal der Industrie- und Handelskammer, dem sog. *Berlage Zaal* sowie dem beeindruckenden zentralen Börsensaal mit seinem von einer Eisenkonstruktion getragenen Glasdach und backsteinernen Umläufen regelmäßig Ausstellungen statt. Das alte *Safe-Depot* der Börse, ein mahagonigetäfelter Saal mit Messinglampen, gusseisernen Trennwänden und den alten Tresoren mit ihren dekorierten Türen ist leider nur noch den Gästen besonderer Feierlichkeiten zugänglich.

*Im Bijenkorf, dem größten Kaufhaus der Stadt, werden Einkaufsträume wahr*

## 10 Magazijn De Bijenkorf

TOP TIPP

*Das erste Kaufhaus der Niederlande ist noch immer zugleich das größte der Stadt.*

Dam 1
www.bijenkorf.nl
Straßenbahn: 1, 2, 4, 9, 13, 14, 16, 17, 24, 25
Bus: 21

Außen im Stil von 1900, innen modern bis extravagant, so präsentiert sich das Magazijn De Bijenkorf, in dem es tatsächlich geschäftig zugeht wie in einem Bienenkorb. *Simon Philip Goudsmith* ließ 1912–14 am zentralen Dam anstelle der Kaufmannsbörse von 1845 [s. S. 30] das erste niederländische Großkaufhaus errichten, ein neobarockes Gebäude mit klassizistischen Elementen. Heute lockt das Bijenkorf durch sein vielfältiges und qualitätvolles Angebot täglich Tausende von Amsterdamern und Besuchern an.

# Nieuwe Zijde – Oasen der Ruhe inmitten der lärmenden Großstadt

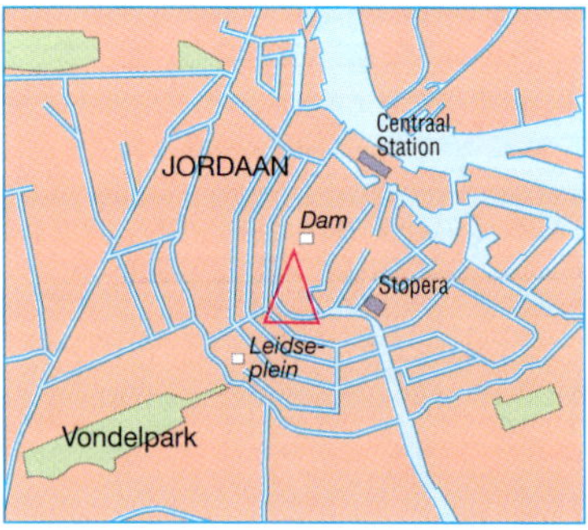


Westlich von *Damrak* und *Rokin* erstreckt sich – vom alten Hafen bis zum weiten Spui-Platz – der Stadtteil **Nieuwe Zijde** (Neue Seite), der besonders im südlichen Teil zwischen *Dam* und *Munttoren* einige Sehenswürdigkeiten bereithält. Durch die parallel zur Nieuwe Zijde verlaufende **Kalverstraat**, Amsterdams beliebteste Shoppingmeile, schiebt sich Tag für Tag ein von früh bis spät nicht abreißender Strom aus Bewohnern und Touristen. Die einst so renommierte Einkaufsstraße hat sich in den letzten Jahren allerdings gewandelt, heute haben hier die aus ganz Europa bekannten Einzelhandelsketten Einzug gehalten. Zugleich, unbeeindruckt vom lärmenden Trubel der Großstadt, behaupten sich nur wenige Schritte entfernt wahre Oasen der Ruhe, allen voran der begrünte **Begijnhof** mit seinen schmucken Giebelhäusern. In unmittelbarer Nachbarschaft liegen die **Schuttersgalerij**, ein einzigartiges Museum holländischer Schützengemälde des 17. Jh., und das **Amsterdams Historisch Museum**, das im ehemaligen Waisenhaus der Bürgerschaft Ausstellungsräume gefunden hat. Auf dem von beliebten und belebten Cafés und Kneipen gesäumten **Spui** und dem quirligen **Bloemenmarkt** lässt man das Idyll vergangener Jahrhunderte hinter sich und taucht erneut ein in das Amsterdam der Gegenwart.

*Das Amsterdams Historisch Museum in den Räumlichkeiten des einstigen St. Luciënklosters*

# 11 Amsterdams Historisch Museum

*Die sehenswerte Sammlung, untergebracht im ehemaligen Waisenhaus der Bürgerschaft, gewährt interessante Einblicke in die Geschichte der Stadt.*

Kalverstraat 92, Nieuwezijds Voorburgwal 357
Tel. 020/523 18 22
www.ahm.nl
Mo–Fr 10–17, Sa/So 11–17 Uhr
Straßenbahn: 1, 2, 4, 5, 9, 14, 16, 24, 25

Das südlich des Dam gelegene Historische Museum ist für alle Amsterdam-Besucher, die sich ein umfassendes Bild der Grachtenmetropole machen möchten, ein Muss. Anhand von archäologischen Funden, Gebrauchsgegenständen, Grafiken, Gemälden und Gebäudemodellen sowie einem audiovisuellen Programm wird der Besucher durch über 700 Jahre wechselvoller Geschichte geführt. Besonders breiten Raum nimmt das 17., das Goldene Jahrhundert ein. Aber auch die jüngere Geschichte Amsterdams vom Anfang des 19. Jh. bis in die Gegenwart kommt nicht zu kurz. Ergänzt wird die Präsentation durch Wechselausstellungen zu speziellen Themen.

Zwei Zugänge führen in den großen Innenhof des verwinkelten Häuserkomplexes. Durch die *Kalverstraat* erreicht man den Haupteingang, ein leicht schiefes Portal, über dem die Worte des Dichters *Joost van den Vondel* (1587–1679) mahnen: »Ach geht nicht durch dieses Tor, ohne dass ihr uns helft, die Last zu tragen«. Mit dieser Inschrift bat man um Hilfe für Waisenkinder, denn die Gebäude des ehemaligen St. Luciënklosters, das 1578 von den Calvinisten säkularisiert worden war, dienten von da an bis zum Jahr 1960 als Waisenhaus der Bürgerschaft. An diese Zeit erinnern auch die in die Wand eingelassenen Holzfächer des *Jongenbinnenplaats*, einem der Innenhöfe, in dem die Jungen ihre Habseligkeiten aufbewahren konnten. Der strikten Trennung der Wohnbereiche für Jungen und Mädchen diente ein Wassergraben, der während der Umbaumaßnahmen zwischen 1960 und 1975, dem Eröffnungsjahr des Museums, zugeschüttet wurde, um darüber die **Schuttersgalerij**, die Schützengalerie, errichten zu können. Kommt man von der Gasse *Gedempte Begijnenslot*, führt der Weg durch eben jene Galerie,

*Die Krone aufgesetzt – Maximilian I. hat Amsterdam das Privileg verliehen, seine Kaiserkrone im Stadtwappen zu führen*

eine verglaste Passage geschmückt mit sehenswerten Schützengemälden aus dem 16. und 17. Jh. [s. S. 34]. Den Eingang am *St. Luciënsteeg* wiederum schmücken über 40 alte Giebelsteine und Fassadenreliefs, die in eine Mauer eingearbeitet sind. Sie stammen größtenteils von nicht mehr erhaltenen Grachtenhäusern und verraten nicht nur den Namen der ehemaligen Hausbewohner, sondern auch deren Beruf.

Der Rundgang durch das Museum beginnt mit der rechts vom Eingang liegenden, 1634 errichteten **Regentenkamer**, die dank der herrlichen Deckenbemalung zu den schönsten Sälen des Gebäudekomplexes zählt. Hier versammelten sich einst die Förderer des Waisenhauses, größtenteils reiche Kaufleute, um die Belange des Hauses und die der Schützlinge zu besprechen.

Die Exponate des Museums verteilen sich – weitgehend chronologisch geordnet – auf 24 Säle und liefern besonders anhand von alten Gemälden und Grafiken eine Fülle interessanter Eindrücke vom Amsterdamer Leben der vergangenen Jahrhunderte. Der älteste erhaltene ›Stadtplan‹ beispielsweise, die ›Vogelvluchtkaart‹ von *Cornelis Anthonisz* in

Saal 4 stammt von ca. 1538 und zeigt, dass sich Bewohner des 16. Jh. durchaus auch heute noch in der Altstadt Amsterdams zurecht finden könnten. In Saal 5 beeindruckt ein Gemälde von *Hendrik Cornelisz. Vrooms*, der 1598 die Rückkehr der Segler von der 2. Expedition nach Ostindien festgehalten hat. Die Schiffe werden mit Salutschüssen empfangen. Die erfolgreiche Expedition leitete den unerhörten Aufschwung des holländischen Seehandels mit Südostasien und damit das Goldene Jahrhundert ein. Wie es damals am Dam zuging, zeigt *Adriaan van Niuelandt* mit dem Umzug der Leprakranken in seinem 1633 geschaffenen Gemälde ›Koppertjesmaandag‹ in Saal 6. Einmal im Jahr zogen die in einem Heim außerhalb der Stadt lebenden Kranken durch die Straßen und Gassen und sammelten Almosen. Einige wurden auf Schlitten gezogen, einem damals durchaus üblichen Transportmittel.

Weitere interessante Amsterdamer Stadtansichten sind: ›De Beurs van Hendrik de Keyser‹ von *Job Berckheyde* (1668, Saal 8), ›Het interieur van de Oude Kerk‹ von *Emanuel de Witte* (1661, Saal 10), ›De intocht van Napoleon op de Dam in 1811‹ von *Mathieu Ignatius van Bree* (Saal 12) und ›De Dam‹ von *George Hendrik Breitner* (ca. 1895, Saal 20). Neben Exponaten aus der bildenden Kunst werden auch Amsterdamer ›Gebrauchsgegenstände‹ ausgestellt wie z. B. das *Witkar* in Saal 23. Das in den 70er-Jahren des 20. Jh. eingeführte elektrisch betriebene Weiße Auto stand an zahlreichen in der Stadt eingerichteten Haltestellen für die Mitglieder der Vereinigung ›Witkar‹ bereit [s. S. 29].

Bei Amsterdamern und Besuchern gleichermaßen beliebt ist das über den Zugang Kalverstraat zu erreichende, im alten Kuhstall des Klosters eingerichtete Museumsrestaurant *David en Golliath*, das eine große Auswahl an überaus köstlichen Pfannkuchen bietet.

### Das Wunder der Hostie

Am 15. März 1345 erbrach sich ein todkranker Mann, der kurz zuvor in seinem Haus in der Kalverstraat die Heilige Kommunion empfangen hatte. Die ins Feuer geschüttete erbrochene Hostie überstand Flammen und Glut unbeschadet. Hohe kirchliche Würdenträger trugen gemeinsam mit herbeigeeilten Glaubensbrüdern die Hostie in die Oude Kerk. Dort und in der zwei Jahre später in der Kalverstraat an der Stelle, an der vorher das Wohnhaus gestanden hatte, errichteten **Kapel ter Heilige Stede** bewirkte diese Reliquie, der ›Leib Christi‹, bei kranken Besuchern deren Genesung, was einen enormen Zustrom an Gläubigen bewirkte. Amsterdam wurde damals zum Wallfahrtsort. Der berühmteste Pilger war der habsburgische Kaiser Maximilian I., der hier vermutlich von der Gicht geheilt wurde. 1908 wurde die Kapelle abgerissen. Wo die Reliquie heute aufbewahrt wird, ob sie überhaupt noch existiert, ist unbekannt.

## 12 Schuttersgalerij

TOP TIPP

***Der schmale Durchgang zwischen dem Historisch Museum und dem Begijnhof beherbergt große Schützengemälde aus dem Goldenen Jahrhundert.***

Kalverstraat 92
Mo–Fr 10–17, Sa/So 11–17 Uhr
Straßenbahn: 1, 2, 4, 5, 9, 14, 16, 24, 25

Die 1975 von Königin Juliana eingeweihte, frei zugängliche Schützengalerie, eine originelle Ausstellungshalle auf dem Gelände des Historischen Museums, ist gewissermaßen aus der Not heraus entstanden. Die riesigen Gemälde, die Mitglieder verschiedener **Amsterdamer Schützengilden** darstellen, hatte man auf einem Dachboden entdeckt. Es stand aber keine Ausstellungsfläche für die Monumentalwerke bereit. Also schüttete man den Wassergraben im Innenhof des ehemaligen Waisenhauses zu und errichtete darüber einen glasverkleideten Gang, an dessen Wänden jetzt die Gemälde hängen.

Die Schützengilden, die sich im ausgehenden Mittelalter in allen niederländischen Städten formiert hatten, waren ursprünglich Bürgerwehren, die der militärischen Verteidigung dienten. Die **Schutters**, die Schützen, rekrutierten sich anfänglich hauptsächlich aus adeligen und wohlhabenden Familien, mit Anbruch des 17. Jh. vermehrt auch aus der bürgerlichen Schicht. Das Schützenstück als Kunstgattung entstand im 16. Jh. und erfreute sich vor allem in der ersten Hälfte des 17. Jh. größter Beliebtheit. Zu dieser

Zeit allerdings hatten die Schützengilden ihren militärischen Charakter bereits weitgehend verloren, und es stand das gesellige Beisammensein im Vordergrund.

Die 15 in der Schuttersgalerij ausgestellten großformatigen **Gemälde** zeigen die Entwicklung der Schützenstücke von frühen Beispielen mit leblos aneinander gereihten Einzelporträts über Werke mit steif posierenden Schutters beim Festbankett bis hin zu lebhaften Kompositionen mit Darstellern, die miteinander kommunizieren und in eine gemeinsame Handlung eingebunden sind. Besonders sehenswert ist das Gemälde des Rembrandt-Schülers *Govert Flinck* (1615–1660), der 1648 das Zusammentreffen zweier Schützengruppen präsentierte und das anspruchsvolle Sujet durchaus unterhaltsam zu gestalten wusste. Absolutes Glanzstück dieser Entwicklung ist jedoch das weltberühmte Schützenstück Rembrandts, die 1642 vollendete und im Rijksmuseum ausgestellte ›Nachtwache‹ [s. S. 78].

*Schützenfest – in der Schuttersgalerij haben sich die Amsterdamer Schützengilden des 17. Jh. einträchtig versammelt*

## 13 Begijnhof

TOP TIPP

*Beschauliche Oase der Ruhe inmitten des Großstadttrubels.*

Gedempte Begijnensloot, Eingang Spui (bis 17 Uhr), Eingang Kalverstraat (bis 23 Uhr)
www.begijnhofamsterdam.nl
Straßenbahn: 1, 2, 4, 5, 9, 14, 16, 24, 25

Über die ganze Innenstadt verteilt findet man eine Reihe idyllischer **Hofjes**, Wohnhöfe, die größtenteils im Mittelalter errichtet wurden, um allein stehenden oder verwitweten Frauen ein Leben als Laienschwestern in religiöser Abgeschiedenheit zu ermöglichen, ohne dass sie in ein Kloster eintreten mussten. Die Höfe wurden vielfach von wohlhabenden Kaufleuten gestiftet. Von den etwa 20 noch bestehenden Hofjes sind aus Rücksicht auf ihre heutigen Bewohner nur wenige zu besichtigen. Der älteste und zugleich bekannteste Amsterdamer Wohnhof, der im 14. Jh. gestiftete Begijnhof (Beginenhof), steht Besuchern offen, sofern sie die Privatsphäre der Bewohner respektieren. Der ursprüngliche Name der Gemeinschaft, **Beguine**, leitet sich vermutlich von *beggen* – beten – ab. Die letzte Begine, Schwester Antonia, starb 1971. Seit einigen Jahren erfreuen sich die Wohnhöfe besonders bei jüngeren Leuten großer Beliebtheit. So haben sich im Begijnhof neben älteren Damen inzwischen auch einige Studentinnen einquartiert.

Insgesamt 47 schmale Giebelhäuser mit gepflegten Vorgärten sowie zwei Kirchen säumen eine Wiese mit Bäumen und Blumen, deren Blüte im Frühjahr das ohnehin malerische Bild zusätzlich verschönt, ein grünes Idyll inmitten der Großstadt. Von der ursprünglichen Bebauung – das erste Haus der Hofanlage entstand 1346 – ist nach mehreren Bränden im 15. Jh. allerdings nichts mehr erhalten. Die heutigen Gebäude stammen größtenteils aus dem 17./18. Jh. Mit dem **Houten Huys** (Nr. 34) hat gerade einmal ein einziges Haus die verheerenden Brände des 15. Jh. schadlos überstanden. Es stammt von 1477, ist das älteste Wohnhaus Amsterdams und zugleich einer der beiden letzten Holzbauten der Stadt. In die Wand links neben dem Houten Huys hat man alte Giebel- und Reliefsteine von nicht mehr erhaltenen Wohnhäusern eingemauert, die größtenteils Darstellungen aus dem Neuen Testament aufweisen, z. B. ›De Vlucht va Egipten‹. Von den heutigen Gebäuden tragen nur noch

*Hier lässt es sich gut leben – der schmucke Begijnhof mit seinen Giebelhäusern*

wenige Giebelsteine. Weiterhin sehenswert ist Haus Nr. 6, mit nur 1,45 m Breite eines der schmalsten Gebäude Amsterdams.

Die um 1392 erbaute gotische **Kirche** (Mo 13–18.30, Di–So 9–18 Uhr) diente im Mittelalter als Gebetsstätte für Wallfahrer, denn auch hier wurde zwischenzeitlich die Hostienreliquie [s. S. 34] aufbewahrt. 1490 brannte das Gotteshaus ab, wurde jedoch rasch wieder aufgebaut. 1607 überließen die Calvinisten die im Zuge der Reformation übernommene Kirche den in England verfolgten und in die Niederlande geflohenen Presbyterianern. Noch heute ist die Kirche Gebetsstätte der englisch-presbyterianischen Gemeinde.

Nachdem die Calvinisten den Katholiken die öffentliche Ausübung ihres Glaubens untersagt hatten, entstanden überall in der Stadt hinter den unscheinbaren Fassaden von Privathäusern **Geheimkirchen**, so auch im Begijnhof in zwei benachbarten Häusern gegenüber der eigentlichen Kirche. Auch die Geheimkirche war jahrelang Aufbewahrungsort der Hostienreliquie. Die Kirchenfenster sowie mehrere Gemälde im Inneren erinnern an das Wunder.

## 14 Spui

*Amsterdams ›Quartier Latin‹ im Univiertel.*

Straßenbahn: 1, 2, 4, 5, 9, 14, 16, 24

Ein schmaler Durchgang neben der Kirche führt vom Begijnhof direkt auf den Spui, einen belebten Platz mit einem Hauch von Pariser *Quartier Latin*. Hier pausieren die Studenten der nahen Universität, diskutieren Intellektuelle, stöbern Bücherfreunde auf dem freitäglichen Büchermarkt. Zum Verweilen laden gleich mehrere gemütliche Cafés und Kneipen ein, so etwa das seit 1670 betriebene Bruine Café *Hoppe* (Tel. 020/420 44 20), eines der ältesten Lokale der Stadt, das *De Zwart* (Tel. 020/624 65 11), eine weitere Gaststätte, und das Grand Café *Luxembourg* (Tel. 020/620 62 64) mit seiner stilvollen Einrichtung der 1930er-Jahre. Gelassen betrachtet der von Carel Kneulman geschaffene bronzene Gassenjunge **›Lieverdje‹** (Schätzchen) das rege Treiben auf dem Platz, er hat schon turbulentere Zeiten erlebt, z. B. in der Mitte der 1960er-Jahre, als die ›Provos‹ zu seinen Füßen lautstark gegen die Verlobung von Prinzessin Beatrix mit dem Deutschen Claus von Amsberg protestierten. Und 1969, als Studenten das klassizistische **Maagdenhuis** (1783–87), das seit 1961 von der Universität genutzte ehemalige Mädchenwaisenhaus, besetzten, um für mehr Demokratie zu protestieren.

## 15 Bloemenmarkt

TOP TIPP

*Europas schönster schwimmender Markt.*

Singel, nahe Muntplein
Straßenbahn: 1, 2, 4, 5, 9, 14, 16, 24

An der Singel westlich des Muntplein findet täglich von ca. 10–17 Uhr der sehenswerte Blumenmarkt statt, einer der seltenen **schwimmenden Märkte** in Europa. Er hat Tradition, wird bereits seit dem 17. Jh. abgehalten, damals allerdings noch am St. Luciënsteeg nahe dem Historischen Museum. Früher wurden die frischen Blumen auf Booten angeliefert und direkt von Bord aus verkauft, heute sind hier 15 Lastkähne fest vertäut. Neben zahlreichen verschiedenen Schnittblumen, die ganzjährig in den Gewächshäusern gezüchtet werden, breitet sich hier im Frühjahr die ganze Palette verschiedenfarbiger und -förmiger holländischer Tulpen aus. Dazu Exoten im Topf, Trockenblumen, Samen, Knollen und Zwiebeln in einer Vielfalt, die das Herz eines jeden Blumenfreundes höher schlagen lässt. Doch auch alle anderen können sich an dem farbenfrohen Spektakel erfreuen. Wer Schnittblumen oder Pflanzen kaufen will, um sie mit nach Hause zu nehmen, sollte darauf achten, dass diesen ein offizielles Gesundheitszertifikat für den Export beiliegt.

## 16 Munttoren

*Schlanker Turm mit wohlklingendem Glockenspiel.*

Muntplein
Straßenbahn: 4, 9, 14, 16, 24, 25

Am *Muntplein*, dem Platz, an dem Singel und Amstel zusammenfließen, ragt der einst zur mittelalterlichen Stadtbefestigung gehörende Munttoren, der Münzturm, empor. Stadtbaumeister *Hendrik de Keyser* (1565–1621) errichtete ihn auf der Ruine des ein Jahr zuvor abgebrannten westlichen Eckturms des Stadttores Regulierspoort. Der Name Münzturm rührt von der nationalen Münze, die 1672–74 im benachbarten Wachhaus untergebracht war. Sie hatte vor den nahenden französischen Truppen Ludwigs XIV. aus Dordrecht nach Amsterdam in Sicherheit gebracht werden müssen. In die Laterne des hölzernen Turms hängte man 1699 ein wohlklingendes Glockenspiel aus 29 Glocken, das der berühmte lothringische Glockengießer *François Hemony* geschaffen hatte. Noch heute erklingt es jeden Freitag zwischen 12 und 13 Uhr. Über dem Eingang des ehemaligen Wachhäuschens ist das alte Stadtwappen Amsterdams angebracht. Häuschen und Turm werden zurzeit von *Jorrit Heinen Delft Shop* (Tel. 020/623 22 71, www.jorritheinen.com) als Ausstellungs- und Verkaufsräume für Delfter Fayencen genutzt.

*Dem Munttoren, einem Überbleibsel der Stadtbefestigung, wurde Ende des 17. Jh. ein Glockenspiel aufgesetzt*

# Oude Zijde – ein Spaziergang durch die Jahrhunderte

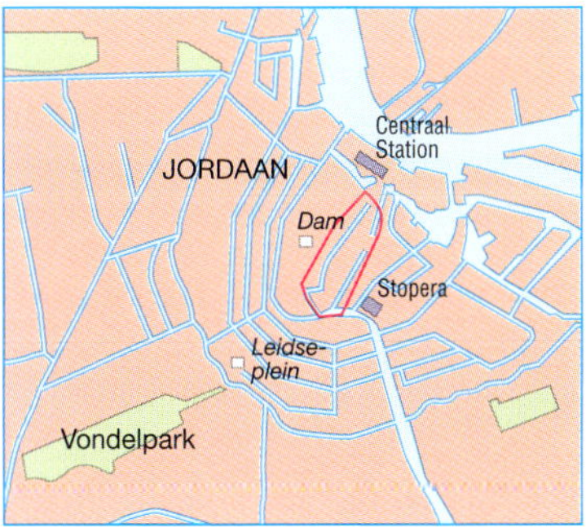


Das Gebiet zwischen *Damrak* und *Rokin* im Westen und dem *Kloveniersburgwal* im Osten nennt man die **Oude Zijde** (Alte Seite). Ein Spaziergang durch dieses abwechslungsreiche Viertel führt durch mehrere Jahrhunderte Amsterdamer Geschichte, von den Anfängen über das Goldene Jahrhundert bis in die Gegenwart. Mittendrin steht die **Oude Kerk**, die Alte Kirche. In den engen Gassen rund um das Gotteshaus – hier befindet sich der ›*Walletjes*‹ genannte berühmt-berüchtigte Amsterdamer Rotlichtbezirk – herrscht stets dichtes Gedränge. Angesichts ganzer Busladungen von Touristen, die sich besonders in den Abendstunden in die Gassen ergießen, wird deutlich, dass das Vergnügungsviertel größere Anziehungskraft besitzt als die älteste Kirche der Stadt. Nicht weit entfernt erhebt sich das **Oost-Indisch Huis**, das einstige Hauptquartier der VOC, jener Gesellschaft, die durch ihre Schiffsexpeditionen in den Indischen Ozean, von denen man exotische Luxusgüter mitbrachte, den Aufstieg Hollands zur führenden Seemacht im 17. Jh. ermöglichte. Die Kehrseite des Goldenen Jahrhunderts zeigt das **Museum Amstelkring**, eine alte *Geheimkirche*. Im Zuge der Reformation wurden ab dem Ende des 16. Jh. katholische Kirchen und Klöster entweder säkularisiert oder in protestantische Gotteshäuser umgewandelt. Katholiken durften keine öffentlichen Gottesdienste mehr abhalten und richteten sich in Privathäusern kleine Kirchen ein. Im **Haschisch Marihuana & Hanf Museum** schließlich kann sich der Amsterdam-Tourist über jene Droge informieren, die vor allem auf jüngere Besucher der Stadt einen besonderen Reiz ausübt.

## 17 Allard Pierson Museum

*Umfangreiche archäologische Sammlung der Amsterdamer Universität.*

Oude Turfmarkt 127
Tel. 020/525 25 56
www.allardpiersonmuseum.nl
Di–Fr 10–17, Sa/So 13–17 Uhr
Straßenbahn: 4, 9, 16, 24, 25

Das nach dem ersten Professor für Klassische Archäologie an der Amsterdamer Universität, *Allard Pierson* (1831–1896), benannte Museum ist in einem klassizistischen Gebäude am Oude Turfmarkt untergebracht. Mit seinen umfangreichen, auf zwei Etagen ausgestellten Exponaten aus Ägypten, Griechenland, Rom, Mesopotamien, Zypern, Vorderasien und Persien verfügt es über eine der bedeutendsten archäologischen **Universitätssammlungen** der Welt.

Die Highlights des Museums sind Mumienmasken und Sarkophage aus dem alten Ägypten, das Modell eines griechischen Streitwagens sowie die so genannten ›Amsterdam Kouroi‹, Jünglingsstatuen aus der archaischen Epoche der griechischen Kunst (7./6. Jh. v. Chr.). Viel Spaß haben die Besucher mit dem Museumscomputer, denn hier kann man seinen Namen in Hieroglyphen übersetzen lassen.

*Brückenschlag ins Mittelalter – die gotische Oude Kerk ist das älteste Gotteshaus der Stadt*

## 18 Huis aan de Drie Grachten

*Auf drei Seiten von Grachten umspültes, sehr vornehmes Giebelhaus aus dem 17. Jh.*

Oudezijds Achterburgwal/Oudezijds Voorburgwal/Grimburgwal
Straßenbahn: 4, 9, 16, 24, 25

Dort, wo *Oudezijds Achterburgwal* und *Oudezijds Voorburgwal* in den *Grimburgwal* münden, erhebt sich auf einem schmalen Grundstück das auf drei Seiten von Grachten umgebene Huis aan de Drie Grachten. Der Giebelstein des Hauses mit der Inschrift *Fluwelenburgwal* (›Fluwelen‹ – Samt) lässt darauf schließen, dass das Viertel bereits im 17. Jh. eine vornehme Gegend war, deren Bewohner sich in Samt kleideten. Tatsächlich war das 1610 im Stil der holländischen Renaissance aus Backstein und Naturstein errichtete, mit einem schönen Treppengiebel gekrönte Dreigrachtenhaus lange Zeit der Wohnsitz wohlhabender Patrizierfamilien. Heute beherbergt es in seinem Parterre eine Buchhandlung.

## 19 Universiteit van Amsterdam

*Haupthaus von Amsterdams ehrwürdiger Alma Mater.*

Oudemanhuispoort
www.uva.nl
Straßenbahn 4, 9, 14, 16, 24, 25

Wenige Schritte nördlich des Huis aan de Drie Grachten gelangt man an der Oudezijds Achterburgwal durch die malerische **Oudemanhuispoort** von 1601 in eine schmale, überdachte Passage, die seit dem 17. Jh. als Marktgasse genutzt wird und in der zahlreiche Antiquitäten- und Bücherstände zum Stöbern einladen. Der Gang führt in den Komplex des einstigen Oudemannenhuis, eines ebenfalls 1601 mit den Geldern einer Lotterie erbauten

### Coffeeshops – wo man Haschisch beim Kellner bestellt

Wer glaubt, beim Betreten eines Coffeeshops werde die Nase vom aromatischen Duft röstfrischen Kaffees umschmeichelt, liegt völlig daneben. Stattdessen reizt ein süßlicher Dunst von **Haschisch** und **Marihuana** die Geruchsnerven. Die meisten jüngeren Besucher Amsterdams haben von den Einrichtungen mit dem irreführenden Namen Coffeeshop gehört, und etliche von ihnen steuern sie zielgerichtet an, um sich dort einen Joint zu kaufen und umgehend zu rauchen.

Genau genommen ist das Kiffen in den Niederlanden per Gesetz verboten, doch wird der ›Genuss‹ einer geringen Menge von Haschisch oder Marihuana durch Erwachsene ab 18 Jahren in den außen so bunten wie innen schummrigen Coffeshops geduldet und der Verkauf lizenziert. Während der Besitz von harten Drogen strafrechtlich geahndet wird, stuft der niederländische Gesetzgeber den Besitz von maximal 5 g Haschisch für den Privatgebrauch seit 1976 als **Ordnungswidrigkeit** ein und sieht von einer Strafverfolgung ab.

Man sollte die bewusstseinsverändernden Rauchwaren aber keinesfalls unterschätzen: Durch moderne **Pflanzenzuchtmethoden** wurde der Anteil des Rauschmittels THC von etwa 6 % in den 1980er-Jahre auf mittlerweile etwa 18 % gesteigert – von ›weichen Drogen‹ kann da keine Rede mehr sein.

Etwa 300 **Coffeeshops** gibt es heute in Amsterdam. Darunter befinden sich auch sog. **Hashbars**, die auch alkoholische Getränke verkaufen. Den meisten Niederländern sind die Coffeeshops ein Dorn im Auge, doch haben sich die ›Läden‹ bislang halten können. Ein gewisses Kuriosum folgt aus dem am 1. Juli 2008 in Kraft getretenen landesweiten **Rauchverbot**, das auch für Coffeeshops gilt. So darf in diesen zwar weiterhin zum Joint gegriffen werden, ist diesem jedoch Tabak beigemischt, muss man damit vor die Türe gehn.

*Nahe ans Wasser gebaut – das Haus aan de Drie Grachten mit seinen schmucken roten Klappläden ist auf drei Seiten von Kanälen umgeben*

Männeraltenheims, das heute der Universiteit van Amsterdam (UvA) als Haupt- und Institutsgebäude dient. Die relativ ›junge‹ Amsterdamer Universität ging 1877 aus dem Athenaeum Illustre hervor, einer 1632 gegründeten Amsterdamer Lehranstalt für Handelswissenschaften und Philosophie.

Heute sind an der Amsterdamer Universität ca. 27 000 Studentinnen und Studenten eingeschrieben, davon ca. 1650 aus dem Ausland.

## 20 Prinsenhof

*Luxushotel mit wechselvoller Geschichte.*

Oudezijds Voorburgwal 197
www.thegrand.nl
Straßenbahn: 4, 9, 14, 16, 24, 25

Einst Kloster, später Nobelherberge, königliche Residenz und Rathaus, heute Luxushotel – der Prinsenhof hat im Laufe seiner wechselvollen Geschichte viel mitgemacht. Nachdem das **Cäcilienkloster** 1578 säkularisiert und in ein Gästehaus umgewandelt worden war, hat es jahrhundertelang illustren Gästen Kost und Logis geboten. *Prinz Wilhelm von Orani-*

*Trotz des nahenden Bankrotts der VOC genießt ein Händler etwa 1760 seine Wasserpfeife*

## VOC – die Gesellschaft der ›Pfeffersäcke‹

Drei Buchstaben zierten im 17./18. Jh. die Segler einer gigantischen Handelsflotte, kennzeichneten Straßenzüge von Lagerhäusern und firmeneigenes Tafelsilber: VOC – das Kürzel für **Verenigde Oost-Indische Compagnie**.

Die Gesellschaft wurde 1602 von niederländischen Kaufleuten gegründet, die sich die Reichtümer Südostasiens sichern wollten. Gewürze, Tee, Tuch, Gummi und Porzellan versprachen schnellen Gewinn. Um die Investitionen in Schiffe und Mannschaften tätigen zu können, gründeten sie die **erste Aktiengesellschaft der Welt**. 6,5 Mio. Gulden (heute etwa 160 Mio. €) kamen dabei zusammen. Bald übertrafen die Gewinne alle Erwartungen. Und was machte es da schon, wenn man als Aktionär ob des Handelsgutes im Volksmund bald nur noch als ›Pfeffersack‹ bezeichnet wurde.

Dank eines vom niederländischen Staat garantierten Handelsmonopols für die Gebiete östlich des **Kaps der Guten Hoffnung** konnte die VOC ihre wirtschaftliche Macht und zugleich das Kolonialreich der Niederlande rasch ausbauen, denn sie war privilegiert, eine eigene Armee aufzustellen, Kriege zu führen und Land zu besetzen. In den Kolonien lagen Legislative und Judikative in ihrer Hand. 10 000 Söldner schützten die Interessen der Gesellschaft und machten widerspenstige Maharadschas, Könige und Prinzen gefügig. In ihrer **Blütezeit** besaß die mächtige Handelsgesellschaft Niederlassungen in Ceylon, Indien und Japan. Das indonesische Archipel wurde fast vollständig von ihr kontrolliert.

Doch mit den englischen Navigationsakten [s. S. 14] und dem Versuch der europäischen Staaten, die Niederländer mit Hilfe hoher Zölle aus ihren Märkten zu verdrängen, begann der **Niedergang** der Gesellschaft. Der Aufstieg Frankreichs und Englands zu führenden Seemächten tat ein Übriges, und 1799 musste die VOC ihren Bankrott erklären.

*en*, genannt der Schweiger, war 1580 der erste Würdenträger, der in den ehemaligen Klosterräumen nächtigte, woraufhin man das Haus in ›Prinsenhof‹ umbenannte. Auch Maria de Medici (1638) und Königin Louisa Maria Gonzaga von Polen (1645) gaben sich hier die Ehre. 1808, nachdem *König Louis Napoleon* das alte Rathaus am Dam zu seiner Residenz erklärt hatte [s. S. 19], zogen die Stadtväter in das geschichtsträchtige Gebäude um. Bis 1988 war der Prinsenhof also Rathaus der Stadt. Nach umfangreichen Restaurierungsarbeiten wurde in seinen Hallen schließlich 1992 das elegante Luxushotel **The Grand Amsterdam** [s. S. 131] eröffnet.

Auch wer nicht bereit ist, für eine Übernachtung im ›Grand‹ mehrere Hundert Euro zu investieren, sollte einen Blick in die großzügige Eingangshalle oder das stilvolle **The Grand Restaurant** (vormals Café Roux) werfen. Denn am Eingang zum Hotelrestaurant kann – hinter schusssicherem Glas – das Fresko ›Vragende Kinderen‹ bewundert werden, ein Werk des CoBrA-Künstlers *Karel Appel*, das dieser 1949 zwecks Begleichung seiner Steuerschulden geschaffen hat. Die konservativen Beamten des damals noch als Rathaus genutzten Gebäudes allerdings wussten das abstrakte Kunstwerk offensichtlich nicht zu schätzen, deckten sie es doch immer wieder mit Laken zu.

## 21 Hash Marihuana & Hemp Museum

*Alles über Hanf.*

Oudezijds Achterburgwal 148
Tel. 020/623 59 61
www.hashmuseum.com
tgl. 10–22 Uhr
Straßenbahn: 4, 9, 14, 16, 24, 25

Über Nutzen oder Schaden des Haschisch Marihuana & Hanf Museums, ob es aufklärt, verharmlost oder sogar zum Drogenkonsum animiert, darüber gehen die Meinungen auseinander – interessant ist die Ausstellung allemal. Die Exponate des Museums informieren ausführlich über Hanf (*Cannabis sativa*), die Pflanze, die den weichen Drogen Haschisch und Marihuana zugrunde liegt, vom Anbau bis zu ihrem vielfältigen Gebrauch.

Wer bis dato nicht wusste, dass die Chinesen bereits vor 5000 Jahren Hanf anbauten, um aus seinen Fasern Kleidungsstücke herzustellen, dass die Segel und Takelagen der holländischen Westindiensegler des 17. Jh. ebenso aus der segensreichen Pflanze fabriziert wurden wie die ersten ›Nietenhosen‹ von Levi Strauss, dass es verschiedene Cannabis-Biere gibt und Cannabis zu den ältesten Worten überhaupt gehört, hier erfährt er es. Die Pflanze selbst, deren Anbau für den Privatgebrauch strafbar ist, kann in einem kleinen Gewächsraum bestaunt werden.

## 22 Oost-Indisch Huis

*Ehemaliges Hauptquartier der Verenigde Oost-Indische Compagnie.*

Oude Hoogstraat 24/Ecke Kloveniersburgwal
Straßenbahn: 4, 9, 14, 16, 24, 25

Im Goldenen Jahrhundert hingen Gerüche von Muskat und Gewürznelken über den Gebäuden der heutigen Oude Hoogstraat, in denen die *Verenigde Oost-Indische Compagnie*, kurz VOC, damals ihr **Hauptquartier** hatte. Alle nur erdenklichen Arten exotischer Gewürze sowie begehrte Waren aus dem fernen Osten füllten die Lagerhallen, zudem Proviant, Waffen und Ausrüstung für Mannschaften und Schiffe der gewaltigen Handelsflotte. Abertausende Seeleute sowie Legionäre für das gesellschaftseigene Heer ließen sich in den Büros in die Heuer- und Anmusterungslisten eintragen.

Abgesehen von einem unscheinbaren Emblem der VOC über einem Portal im Innenhof deutet heute nichts mehr auf die einstige Funktion des mit roten Ziegeln erbauten und mit weißem Naturstein verzierten Gebäudes hin, das 1605 wahrscheinlich nach Plänen des damaligen Stadtbaumeisters *Hendrik de Keyser* entstanden ist. Lohnend ist der Blick nach oben auf den schönen Giebel mit seinen von Voluten gerahmten Fenstern und der krönenden Balustrade. Heute wird das ehemalige Handelshaus von der Philosophischen Fakultät der Universität genutzt.

## 23 Oude Kerk und De Walletjes

*Die älteste Kirche Amsterdams liegt inmitten des Rotlichtbezirks.*

Oudekerksplein
Straßenbahn: 4, 9, 14, 16, 24, 25

Auch wenn eine alte Inschrift über dem Eingang des **Erotisch Museum** am Oudezijds Achterburgwaal 54 ›God is myn burgh‹ behauptet und sich die Etablissements mit Schaufenstern, in denen sich käufliche Damen in Spitzendessous zur Fleischbeschau stellen, um die Oude Kerk scharen, so zeugt dies nicht unbedingt vom Wunsch des horizontalen Gewerbes, dem Herrn besonders nahe zu sein. Vielmehr hat hier die Geschichte ihre Finger im Spiel, liegt das Gotteshaus doch nur ein paar Gassen vom *Zeedijk* entfernt, der ältesten Hafenstraße Amsterdams. Von dort hatte es der Seemann auf seinem ersten Landgang nach langer Abstinenz von Wein und Weib nicht weit zu Hafenspelunke und Bordell. Der Hafen ist schon lange verlegt, doch den Distrikt mit den roten Lichtern gibt es hier noch immer. Und ein Gang durch die berüchtigten ›**Walletjes**‹ (Kleine Wälle), wie die Amsterdamer den Bezirk nennen, ist für viele Besucher der Stadt ebenso Programmpunkt wie der Besuch des Rijksmuseum. Das geht so weit, dass Touristen mit Bussen heran gekarrt werden. Allnächtlicher Massenandrang und die häufigen Polizeipatrouillen geben dem Milieu einen beinahe harmlosen Anschein, der allerdings trügt. Taschendiebe und aggressive Drogendealer gibt es zuhauf, und die kriminelle Halbwelt reagiert äußerst empfindlich, wenn man eine Kamera auf sie richtet.

Die *Sint Nicolaas*, dem Schutzpatron der Seefahrer, geweihte Alte Kirche, das

*Die rote Laterne – das Amsterdamer Vergnügungsviertel gehört zu den ganz großen Touristenattraktionen*

erste Gotteshaus der Stadt, erhielt ihren heutigen Namen im 15. Jh., um sich von der damals errichteten Neuen Kirche [s. S. 21] abzusetzen. Die **Oude Kerk** (www.oudekerk.nl, Mo–Sa 11–17, So 13–17.30 Uhr), eine dreischiffige gotische Hallenkirche, entstand ab 1306 auf den Fundamenten eines romanischen Vorgängerbaus, dessen Überreste man bei Restaurierungsarbeiten entdeckt hat. Ihr heutiges Aussehen erhielt sie durch Um- und Anbauten im 14.–16. Jh. Bereits 1370 wurde der Chorbereich durch Seitenkapellen und einen Umgang erweitert. Die großen, teils von Zünften und Gilden gestifteten Seitenkapellen mit ihren hohen spätgotischen Fenstern und den Giebeldächern entstanden um 1500. Die Wappen des habsburgischen *Kaisers Maximilian I.* und seines Sohnes *Philipps des Schönen* über dem Südportal weisen darauf hin, dass auch sie sich an den Baukosten für die Oude Kerk beteiligt haben. In den kleinen Häuschen, die sich außen an die Kapellen lehnen, waren einst Läden eingerichtet. 1565 musste der niedrige gotische Turm dem jetzigen schlanken **Kirchturm** weichen, der ein Glockenspiel von *François Hemony* trägt. Dieses erklingt jeden Samstag zwischen 16 und 17 Uhr. In den Sommermonaten kann der Turm, der eine einmalige Aussicht auf den ältesten Teil Amsterdams gewährt, bestiegen werden.

Das einst prächtige **Kircheninnere** präsentiert sich seit der Reformation eher schlicht. 1566 hatten Bilderstürmer etliche Kunstwerke entfernt, später wurden die Wände weiß überkalkt – nichts sollte die Gläubigen von ihren Gebeten ablenken. Diesen Maßnahmen fielen auch die 1555 entstandenen herrlichen *Renaissance-Glasmalereien* der Fenster im Frauenchor zum Opfer, doch hat man sie im 18. Jh. wieder herstellen können. Sie zeigen Darstellungen aus dem Leben Mariä und zählen zu den bedeutendsten Ausstattungsstücken dieses Gotteshauses. Beeindruckend sind ferner das hölzerne Tonnengewölbe, die barocke Orgel aus dem 17. Jh. und das kunstvoll geschnitzte Chorgestühl aus dem 16. Jh. Schiffsmodelle erinnern an die Zeit, in der das Viertel rund um die Kirche zum Hafen gehörte. Bedeutende Persönlichkeiten wie die Admiräle *Jacob van Heemskerk* und *Abraham van der Hulst* sowie *Saskia van Uylenburgh*, die 1642 verstorbene Ehefrau Rembrandts, fanden hier ihre letzte Ruhe.

*Auch eine Möglichkeit, den Dachboden zu nutzen – katholische Geheimkirche ›Unser lieber Herrgott auf dem Dachboden‹ im Museum Amstelkring*

## 24 Museum Amstelkring

TOP TIPP *Die besterhaltene Geheimkirche des Landes befindet sich auf den Dachböden dreier Wohnhäuser.*

Oudezijds Voorburgwal 40
Tel. 020/624 66 04
www.museumamstelkring.nl
Mo–Sa 10–17, So 13–17 Uhr
Straßenbahn: 4, 9, 16, 20, 24, 25

Inmitten des Rotlichtbezirks verbirgt sich in einem unscheinbaren Gebäude aus dem 17. Jh. ein über schmale Stiegen erreichbares Gotteshaus, das sich über drei durchgehende Dachböden erstreckt – die katholische Geheimkirche **Ons' Lieve Heer op Solder**, ›Unser lieber Herrgott auf dem Dachboden‹.

Nachdem sich die Stadt Amsterdam 1578 offiziell zum Calvinismus bekannt hatte, war es Katholiken untersagt, öffentlich Gottesdienst abzuhalten [s. S. 13]. Da die Ausübung ihrer Religion im Verborgenen jedoch weitgehend toleriert wurde, blieb ihnen als Ausweg die Einrichtung von *Geheimkirchen* (niederl. Schuilkerk – Schlupfkirche) in Wohnhäusern. So baute der wohlhabende Strumpfhändler *Jan Hartman* Mitte des 17. Jh. die durchgehenden Dachböden seines und zweier angrenzender Häuser zur Kirche aus. Die französische Besetzung der Niederlande 1795 ermöglichte den Amsterdamer Katholiken dann wieder das öffentliche Bekenntnis zu ihrer Religion. Dennoch sollte das Gotteshaus auf dem Dachboden noch bis zur Fertigstellung der katholischen **Sint Nicolaaskerk** schräg gegenüber der Centraal Station im Jahr 1887 – also insgesamt mehr als 200 Jahre – Gemeindekirche bleiben.

Um die Geheimkirche vor dem Abriss zu bewahren, kaufte eine Gruppe von Amateurhistorikern namens ›Amstelkring‹ kurz nach dem Wegzug der Gemeinde die drei Häuser auf und machte sie zum **Museum Amstelkring**. Kirche und Privaträume sind weitgehend im Originalzustand erhalten. Winzig ist die *Kaplaanskamer*, ursprünglich eine Unterkunft für Dienstboten, mit einem geradezu miniaturhaften Schrankbett. Auch im Herzstück des Museums, dem *Kirchensaal* mit seinen schmalen Galerien, herrschte Raumnot. So musste etwa die Kanzel bei Bedarf aus dem Altar heraus geklappt werden. Die Orgel ist ebenfalls recht klein und Beichtstuhl und Taufbecken befinden sich im Treppenhaus. Beheizt werden konnte die Kirche nicht, doch mussten die Gläubigen im Winter nicht frieren, denn sie erhielten mit Torf beheizte Fußwärmer.

## 25 Chinatown

*China im Herzen der Altstadt.*

Zeedijk, zwischen Nieuwmarkt, Geldersekade und Binnen Bantammerstraat
Metro: 51, 53, 54

Chinesische Schriftzeichen an Geschäften und Restaurants, gebratene Enten in den Auslagen, fernöstliche Düfte aus den Garküchen, asiatische Geschäftigkeit – der *Zeedijk*, die älteste Straße Amsterdams, und seine Umgebung sind fest in chinesischer Hand. Zwischen der *Binnen Bantammerstraat* und der *Geldersekade* erstreckt sich hier das chinesische Viertel. Die Präsenz der Asiaten geht auf den Anfang des 19. Jh. zurück, als man chinesische Niedriglohnarbeiter anheuerte, um streikende Seeleute zu ersetzen. Nach Beendigung der Streiks wurden viele von ihnen in der niederländischen Hafenstadt ansässig. In der von ihnen bevorzugten Wohngegend um die Binnen Bantammerstraat gab es bald erste Chinarestaurants und kleinere Läden, aber auch Opiumkneipen, in denen viele dem Rauschgift verfielen. Als es zu blutigen Auseinandersetzungen zwischen rivalisierenden Clans kam, war das selbst den für ihre Toleranz berühmten Amsterdamern zuviel, sie schickten über 200 Chinesen zurück in ihre alte Heimat. Heute leben rund 50 000 Chinesen – die größte ausländische Gemeinschaft der niederländischen Hauptstadt – friedlich in diesem Altstadtviertel. Es gibt eine chinesische Schule, einen chinesischen TV-Kanal und den buddhistischen **Fo Guang Shan Tempel** (Zeedijk 106, nahe dem Nieuwe Markt, Tel. 020/420 23 57, www.ibps.nl, Di–Sa 12–17, So 10–17 Uhr), in dem Besucher willkommen sind.

*Chinatown inmitten Amsterdams – das Viertel rund um den Nieuwmarkt ist fest in asiatischer Hand*

## 26 Waaggebouw

*Das wandlungsfähige Gebäude am Nieuwmarkt, erst Stadttor, dann Waage, schließlich Restaurant, gehört zu den ältesten Bauwerken Amsterdams.*

Nieuwmarkt
Metro: 51, 53, 54

Das Waaggebouw, ein wuchtiges, mit sieben Türmen und Schießscharten bestücktes Backsteingebäude auf dem Nieuwmarkt, wurde seit seiner Entstehung im Mittelalter vielseitig genutzt. 1488 als Teil der Stadtbefestigung errichtet, verlor das zunächst *Sint Antoniespoort* genannte Tor im Zuge der Stadterweiterung Anfang des 17. Jh. seine ursprüngliche Funktion und wurde 1617 zur **Waage** umgebaut. Sie sollte die Waage auf dem Dam [s. S. 18] entlasten und war für Schwergut wie Anker und Kanonenrohre konzipiert. Nahebei wurden diese Güter einem Qualitätstest unterzogen, indem man sie an einem hohen Pfahl empor zog und aus großer Höhe unter donnerndem Getöse auf ein Eisenstück fallen ließ. Gerät, das diese Prüfung unbeschadet überstand, erhielt eine Art Gütesiegel der Stadt.

Im oberen Stockwerk des Waaggebouw hatten verschiedene Zünfte Versammlungsräume eingerichtet, so die Schmiede, Maurer, Maler und Chirurgen. Diese Räume sind jedoch nicht öffentlich zugänglich. Im Vorlesungssaal der Chirurgen, dessen Portal noch heute die Inschrift **Theatrum Anatomicum** trägt, sah Ende des 17. Jh. *Zar Peter der Große* den Meistern des Skalpells bei der Demonstration ihrer Operationskunst zu, und *Rembrandt* machte hier Vorstudien

*Ein Streifzug mit dem Fahrrad durch Amsterdams Vergangenheit, hier das mittelalterliche Waaggebouw am Nieuwmarkt*

für sein Gemälde ›Die anatomische Vorlesung des Dr. Tulp‹. Die Malergilde schmückte ihre Eingangspforte mit einer Darstellung des hl. Lukas, des Schutzpatrons der Maler.

Bis 1819 wurde das Gebäude als Waage genutzt, danach diente es u. a. als Feuerwache. Nach umfassenden Restaurierungsarbeiten wurde 1996 in den Räumen des Erdgeschosses, in denen sich einst die Waagen befanden, das Restaurant-Café *In de Waag* (Tel. 020/4227772, www.indewaag.nl) eröffnet.

## 27 Trippenhuis

*Ehemaliges Wohnhaus der Waffenhändler Trip mit vorgeblendeter Fassade.*

Kloveniersburgwal 29
www.knaw.nl
Zugang nur bei öffentlichen Veranstaltungen
Straßenbahn: 9, 14

Schornsteine in Gestalt von Kanonenrohren auf dem einstigen Wohnhaus von *Hendrik* und *Lodewijk Trip* zeigen unmissverständlich, womit die Brüder im 17. Jh. ihre Reichtümer verdienten – mit Waffenhandel. 1660 ließen sich die *Kooplieden in weapenen, geschut, cogels ende amonitie van oorloge*, die ›Kaufleute für Waffen, Geschütze, Kugeln und Munition für Kriege‹, von dem bekannten Baumeister *Justus Vingboons* ein ›repräsentatives‹ Gebäude errichten. Die überaus prächtige klassizistische Front, durch acht korinthische Wandpfeiler gegliedert und von einem reich geschmückten Gebälk bekrönt, ist allerdings nur Scheinarchitektur, verbergen sich doch hinter der Fassade zwei identische Wohnhäuser – die Brüder losten darum, wer von ihnen in welchem wohnen sollte. Zwischen 1817 und 1885 beherbergte das Trippenhuis das Rijksmuseum [s. S. 65], seit Ende des 19. Jh. ist das Gebäude Sitz der Königlich Niederländischen Akademie der Wissenschaften.

Wie es heißt, fand der Ausruf eines Kutschers der Trip-Brüder, »Ach hätte ich doch nur ein Haus, das so breit wäre wie das Portal dieses Hauses«, bei diesen ein offenes Ohr. Großzügig ließen sie ihrem Bediensteten schräg gegenüber (Kloveniersburgwal 26) eine Unterkunft im selben Stil erbauen, heute das **Kleine Trippenhuis** genannt. Mit seiner Breite von nur 2,44 m ist es in der Tat so breit wie ein Portal und damit eines der schmalsten Gebäude Amsterdams.

# Jodenbuurt – im einstigen jüdischen Viertel

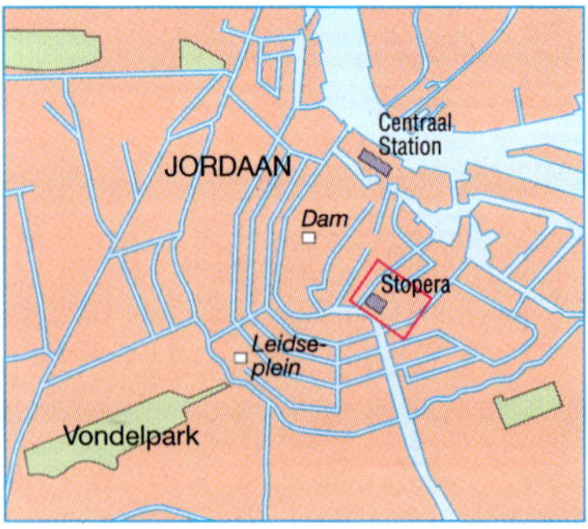


Vom *Nieuwmarkt* im Norden bis zur *Amstel* im Süden und der *Nieuwe Herengracht* im Osten erstreckte sich einst die **Jodenbuurt**, das alte jüdische Viertel. Schon früh war Amsterdam Zufluchtsstätte für Juden aus ganz Europa, denn hier konnten sie ihrer Religion nachgehen, und man zwang sie nicht wie in anderen europäischen Städten, z.B. Venedig, in einem Getto zu leben. Um 1600 kamen die ersten Juden aus Portugal, im Laufe des 17. Jh. dann Glaubensbrüder und -schwestern aus Ost- und Mitteleuropa nach **Mokum**, wie sie Amsterdam nach dem Hebräischen Wort für Stadt, ›Makoom‹, nannten. Die jüdische Gemeinschaft – sie machte vor dem Zweiten Weltkrieg mit rund 100 000 Mitgliedern etwa 10 % der Gesamtbevölkerung aus – verteilte sich über die ganze Stadt, die meisten von ihnen lebten aber in der Jodenbuurt. Von den Amsterdamer Juden haben jedoch nur sehr wenige den Holocaust überlebt. Auch das alte jüdische Viertel existiert nicht mehr. Viele Wohnhäuser, ja ganze Straßenzüge wurden im Krieg zerstört, der Rest fiel in den 60er- bis 80er-Jahren des 20. Jh. der Stadtsanierung zum Opfer. Dem gewaltigen Bau der **Stopera** beispielsweise, der Rathaus und Musiktheater unter seinem Dach vereint, musste die alte Bausubstanz am Waterlooplein weichen. Wie durch ein Wunder blieben die riesige **Portugees Synagoge** und die vier kleineren Synagogen deutscher Juden, die inzwischen umgebaut und zum **Joods Historisch Museum** zusammengefasst wurden, erhalten – letzte Zeugnisse des einst so belebten jüdischen Viertels.

## 28 Zuiderkerk

*Die erste protestantische Kirche der Stadt demonstriert zumindest im Inneren calvinistische Schlichtheit.*

Zuiderkerkhof
www.zuiderkerk.amsterdam.nl
Mo–Fr 9–16, Sa 12–16 Uhr
Metro: 51, 53, 54
Straßenbahn: 9, 14

Die Zuiderkerk, 1603–11 nach Plänen des Stadtbaumeisters *Hendrik de Keyser* errichtet, der später hier auch beigesetzt wurde, ist die erste protestantische Kirche Amsterdams und präsentiert zumindest teilweise die neue calvinistische Schlichtheit. So verzichtete man beim Bau der Pseudo-Basilika zwar auf ein Querschiff und einen runden Chorabschluss, nicht aber auf einen schönen Turm – immerhin 80 m hoch – und ein **Glockenspiel**. Und so durfte 1659 wieder einmal *François Hemony*, der praktisch ganz Amsterdam, u. a. die Oude Kerk, mit seinen herrlichen Glockenspielen ausgestattet hat, sein Können unter Beweis stellen. Unter der wohlklingenden Last von immerhin 32 Glocken, sie ertönen jeden Donnerstag zwischen 12 und 13 Uhr, ist der Turm im Laufe der Zeit allerdings fast 1 m aus dem Lot geraten. Heute wird er in den Sommermonaten von zahlreichen Touristen als ›Ausguck‹ über die Altstadt genutzt.

Im Inneren der dreischiffigen Pseudo-Basilika – zu einer echten Basilika fehlt hier die Beleuchtung des erhöhten Mittelschiffs durch Obergadenfenster – dominiert der calvinistische Grundsatz, dass kein übermäßiger Prunk vom Gebet ablenken soll: Also verzichtete man weitgehend auf Gemälde- und Skulpturenschmuck. Im Laufe des 20. Jh. – der letzte

*Grachtenromantik – alte Giebelhäuser, eine Hebebrücke, dümpelnde Kähne und im Hintergrund die Zuiderkerk mit ihrem schönen Glockenturm*

Gottesdienst in dieser Kirche fand 1929 statt – drohte die Zuiderkerk zu verfallen. 1968 schließlich kaufte die Stadt den Sakralbau auf und ließ ihn restaurieren. Heute beherbergt diese herrlich lichte Halle das *Informatiecentrum de Zuiderkerk voor ruimte, bouwen en wonen* mit einer ständigen Ausstellung über die Amsterdamer Stadtentwicklung. Anhand von Zeichnungen, Karten und Plänen werden die Veränderungen der Altstadt über die Jahrhunderte aufgezeigt, aber auch zukünftige Bauvorhaben vorgestellt. Zudem gibt es wechselnde Ausstellungen.

## 29 Museum Het Rembrandthuis

*Hier lebte Rembrandt fast 20 Jahre lang, hier erlebte er seine größten Erfolge und den künstlerischen wie finanziellen Niedergang.*

Jodenbreestraat 4–6
Tel. 020/520 04 00
www.rembrandthuis.nl
tgl. 10–17 Uhr
Metro: 51, 53, 54
Straßenbahn: 9, 14

Den wohlhabenden Bürgern Amsterdams war das Wohnhaus Rembrandts in den 40er- und 50er-Jahren des 17. Jh. ebenso bekannt wie seinen Gläubigern. Hier, an der heutigen Jodenbreestraat, lebte und arbeitete *Rembrandt Har-*

*Immer herein in die gute Stube – holländische Gemütlichkeit im Rembrandthuis*

*mensz. van Rijn* (1606–1669) fast 20 Jahre lang, 1639–58, während seiner bedeutendsten Schaffensperiode. Neben zahlreichen Einzel- und Gruppenbildnissen der Amsterdamer Gesellschaft entstand hier auch sein heute berühmtestes Werk, die ›Nachtwache‹ [s. S. 78]. Aufgrund der gewaltigen Ausmaße des Gemäldes wurde dieses wohl nicht im Gebäude, sondern an einer überdachten Stelle im Hof bearbeitet. Das stattliche Kaufmannshaus hatte Rembrandt 1639 mit finanzieller Hilfe seiner vermögenden Ehefrau *Saskia van Uylenburgh*, die bereits 1642 verstarb, erworben. Im Erdgeschoss lagen die Wohnräume, im Obergeschoss befand sich das **Atelier** des Malers. Den Dachboden stellte er seinen Mitarbeitern und Schülern, unter ihnen *Ferdinand Bol* und *Govert Flinck*, als Werkstätten zur Verfügung. Häufig trieb es Rembrandt zu Streifzügen in das direkt vor seiner Haustür liegende jüdische Viertel, um nach Charakteren für seine religiösen Bilder zu suchen, oft zog es ihn auch auf Märkte, von denen er allerlei malenswerte Gegenstände für sein Atelier mitbrachte. Von den unzähligen Requisiten, die der Meister im Laufe der Jahre zusammengetragen hatte, und den über 100 Gemälden, die zu seinen Lebzeiten hier aufbewahrt wurden, ist heute allerdings nichts mehr vorhanden. Denn der große Erfolg Rembrandts war nicht von Dauer, und da er, auch als die Aufträge weniger wurden, von seinem aufwendigen Lebenstil nicht ließ, stand er im Jahr 1657 vor dem finanziellen Ruin. Die Gemälde und das gesamte Inventar bildeten die Konkursmasse des bankrotten Genies und kamen unter den Hammer. Nach dem Verkauf seines Hauses wechselte der verarmte Maler wiederholt seine Unterkunft, 1660 zog er dann in ein kleines, im Stadtteil Jordaan (Rozengracht 84) gelegenes Häuschen.

In seinem ersten Wohnhaus aber, das 1606 erbaut und im Laufe des 20. Jh.

*Im alten Sluishuis, wo einst der Wasserstand der Amsterdamer Kanäle kontrolliert wurde, dreht sich heute alles um den Getränkepegel der Cafégäste*

*Ein stilles Wasser – der moderne Bau der Stopera spiegelt sich in der ausnahmsweise einmal ruhigen Amstel*

mehrfach restauriert wurde, ist heute das **Museum Het Rembrandthuis** untergebracht. Es zeigt zwar keine Gemälde des Meisters, dafür aber eine sehenswerte Sammlung von 260 der über 290 von Rembrandt angefertigten Radierungen sowie einige Zeichnungen. 1999 wurde das Museum durch einen modernen Anbau erweitert, in dessen oberster Etage sich das *Rembrandt-Informationszentrum* (nur nach Voranmeldung zugänglich) befindet, eine Bibliothek mit Werken über den Künstler und dessen Schüler sowie ein Archiv mit 7000 Fotos der Arbeiten von Rembrandts Schülern.

Nur wenige Schritte vom Rembrandthuis entfernt, erhebt sich an der Schleusenbrücke über den Zwanenburgwal das kleine **Sluishuis**, das Schleusenhaus, eines der malerischsten Gebäude Amsterdams, das heute die Gaststätte *De Sluyswacht* (www.sluyswacht.nl) beherbergt. Von dort bietet sich eine sehr schöne Aussicht auf die Gracht Oude Schans.

## 30 Stopera

*Umstrittenes Bauwerk aus Rathaus und Musiktheater direkt am Ufer der Amstel.*

Waterlooplein
www.muziektheater.nl
Metro: 51, 53, 54
Straßenbahn: 9, 14

Die Wellen des Protestes schlugen hoch, als in den 1980er-Jahren die historischen Gebäude am Waterlooplein abgerissen wurden, um Platz zu schaffen für einen monumentalen, multifunktionalen Gebäudekomplex. Hier sollten der Stadtrat, der zuvor im Prinsenhof [s. S. 41] seinen Sitz hatte, und das Musiktheater untergebracht werden, daher der Name Stopera, das Kürzel für *Stadhuis* und *Opera*.

TOP TIPP

Das **Muziektheater**, das Oper, Nationalballett und Nederlands Dans Theater unter seinem Dach vereint, konnte 1986 eröffnet werden, das Rathaus war zwei Jahre später fertiggestellt. Geschaffen wurde das L-förmige, außen mit riesigen quadratischen Platten verschalte Bauwerk von dem Wiener Architekten *Wilhelm Holzbauer* und seinem niederländischen Kollegen Cees Dam. Mit seiner halbrunden Ausbuchtung auf der Amstelseite wirkt der strahlend weiße Komplex fast wie eine moderne Arena. Kritiker der Stopera allerdings argumentieren, dass sich dieser Monumentalbau nur schlecht in seine Umgebung einfügt, die noch weitgehend von alter Bausubstanz geprägt ist.

Eine originelle Plastik, die ›Macht der Musik‹, die durch den Marmorfußboden bricht, schmückt die Eingangshalle des Musiktheaters. In den Sommermonaten werden regelmäßig an Dienstagen ab 12.15 Uhr im kleinen *Boekmanzaal* kostenlose Mittagskonzerte angeboten. Zum Entspannen lädt auch das moderne *Café Dantzig* im Erdgeschoss ein.

In der Passage zwischen Stadhuis und Muziektheater stößt man auf eine Nachbildung des **Normaal Amsterdams Peil**, des geodätischen Nullpunkts, auf den

*Spektakulär bricht die Götterdämmerung über die Nibelungen in der Nederlandse Opera herein*

sich fast alle Länder Europas, auch Deutschland, bei Landesvermessungen beziehen. Ferner zeigen zwei Wassersäulen den aktuellen Pegelstand des Meeres bei *Vlissingen* und *Ijmuiden* an, während eine dritte jenen Höchststand markiert, der bei der verheerenden Sturmflut von 1953 erreicht wurde. An der Wand verdeutlicht eine 25 m lange Querschnittsdarstellung der Niederlande dessen relative Lage zum Meer.

## 31 Mozes- en Aaronkerk

***Die aus einer Geheimkirche hervorgegangene Kirche ist heute Begegnungsstätte.***

Jodenbreestraat
Tel. 020/622 13 05
www.mozeshuis.nl
Metro: 51, 53, 54
Straßenbahn: 9, 14, 20

Vom ursprünglich riesigen Platz *Waterlooplein*, den der Bau der Stopera weitgehend verschlungen hat, sind nur noch die Randflächen geblieben. An der Südspitze schwingt sich die **Blauwbrug**, die einer Pariser Seinebrücke nachempfunden und mit schmucken Brückenlaternen verziert ist, über die Amstel. Die nordöstliche Ecke des Platzes nimmt die neoklassizistische **Mozes- en Aaronkerk** ein, die aus einer katholischen Geheimkirche entstanden ist. Franziskanermönche hatten im 17. Jh. zwei alte Kaufmannshäuser, deren Fassaden mit Figuren von Moses und Aaron verziert waren, erworben und in ihnen ein dem hl. Antonius von Padua geweihtes Gotteshaus eingerichtet. Im Laufe der Zeit wurde der Sakralbau mehrfach umgebaut und erweitert. Die imposante Fassade mit den beiden flankierenden Glockentürmen und dem einem antiken Tempel nachempfundenen viersäuligen Portikus stammt

*Das prächtige Innere der Portugees-Israëlitische Synagoge zeugt vom Wohlstand der sephardischen Juden im 17./18. Jh.*

## Normaal Amsterdams Peil – die bedeutende Null

An einem windstillen Tag im Sommer 1684 legten Amsterdamer Landvermesser bei Hochwasser der Zuiderzee mit einem Kreidestrich an einem **Pegelstein** die Höhe fest, auf die sich zukünftig alle anderen Messpunkte im Land beziehen sollten – der Normaal Amsterdams Peil, kurz NAP, war damit amtlich dokumentiert. Der Pfeilstrich lag 10 cm über dem mittleren Meeresspiegel. Kurz darauf wurde seine Maßeinheit auf zahlreiche weitere Pegelsteine in ganz Amsterdam übertragen. Um die Gefahr von Überflutung abzuwenden, sollte jegliches neue Bauland in der Stadt mindestens 70 cm über diesem **Nullpunkt** liegen.

Einer der historischen Nullpunkte wird unter dem Pflaster vor dem **Königlichen Palast** am Dam ›aufbewahrt‹. Unter einer Steinplatte mit den Buchstaben VP und den drei Kreuzen des Stadtwappens markiert ein Messingnagel knapp 1 m unterhalb des Damniveaus auf einem 22 m langen, in den Boden gerammten Fichtenstamm den Bezugspunkt, auf den sich alle Höhenmessungen in der Stadt beziehen. 1818 wurde der **NAP** als Standard für die gesamten Niederlande festgelegt. Bald richteten sich sogar andere europäische Länder nach dem **Amsterdams Peil**. 1877 nutzten ihn z. B. preußische Landvermesser bei der geodätischen Erfassung der Region. 1879 wurde die Lage der Berliner Sternwarte mit 37 m über **Normalnull** (NN), einer weiteren und weitaus bekannteren Bezeichnung für den NAP, festgelegt. Dabei war die Übertragung des Amsterdamer Standards in weit entfernte Regionen ein mühsames Unterfangen, mussten die Landmesser den Nullpunkt doch in Monate dauernden Fußmärschen vom Originalmesspunkt aus in Messetappen von jeweils 200 m über das Land transportieren. Heute beziehen fast alle Länder Europas ihre Höhenmessungen auf den NAP.

*Da der Stadt Amsterdam das Wasser bis zum Hals steht, wird mit Hilfe des NAP die geringste Pegelveränderung festgehalten*

Der NAP ist in Amsterdam an über tausend Stellen mit Kupferplaketten markiert, und im Gebäude der **Stopera** gibt es sogar den Nullpunkt zum Anfassen. Dort bezeichnet für jedermann sichtbar ein bronzener Bolzen auf einem 20 m in den Boden eingelassenen Betonpfahl exakt die historische Null.

von 1841. Leider ist das Innere nicht zugänglich. In unmittelbarer Nähe der Kirche soll einst das Geburtshaus des berühmten jüdischen Philosophen *Baruch de Spinoza* (1632–1677) gestanden haben.

Vor dem Bau der Stopera war der Waterlooplein einer der größten Marktplätze Amsterdams und ein Mittelpunkt jüdischen Lebens. Ein wenig von der früheren Marktatmosphäre ist heute noch auf dem **Vlooien-** bzw. **Waterloopleinmarkt**, dem wohl bekanntesten Flohmarkt Amsterdams, der gegenüber der Mozes- en Aaronkerk abgehalten wird, zu spüren.

## 32 Portugees-Israëlitische Synagoge

*»... ist keineswegs ein verhutzeltes, sich verstecken wollendes Versammlungshaus von Illegalen, sie ist ein Prunkbau, eine Kathedrale auf jüdisch«.* Egon Erwin Kisch

Mr. Visserplein 3
www.esnoga.com
So–Fr 10–16 Uhr
Metro: 51, 53, 54
Straßenbahn: 9, 14

Der verkehrsreiche *Mr. Visserplein* – Mr. ist die Abkürzung für den niederländischen

Rechtsanwaltstitel ›Meester‹ – trägt den Namen von Louis Ernst Visser, dem jüdischen Vorsitzenden des Höchsten Gerichtes zur Zeit der deutschen Besatzung (1940–45). Auf dem südlich daran anschließenden Meijerplein erinnert die 1952 von *Mari Andriessen* geschaffene Statue **Dokwerker**, die Figur eines Hafenarbeiters, an den Generalstreik am 25. Februar 1941, die einzigartige Auflehnung einer ganzen Stadt gegen die Deportation von Juden, der von den Nationalsozialisten blutig niedergeschlagen wurde. Zum Gedenken an dieses Ereignis findet hier alljährlich an diesem Tag eine Kundgebung statt. Hinter dem Denkmal ragt der mächtige Sakralbau der Portugees-Israëlitische Synagoge auf, auch **Portugese Synagoge** genannt, die 1671–75 von *Elias Bouwman* im Auftrag sephardischer Juden aus Portugal errichtet wurde. Das die umliegenden Bauwerke überragende Backsteingebäude mit seiner durch Pilaster und hohe Rundbögen strukturierten Fassade ist Ausdruck des Wohlstandes der Sepharden des damaligen Amsterdam – immerhin war der Bau zur Zeit seiner Entstehung die weltweit größte Synagoge. Das Innere, durch ionische Säulen in drei Schiffe geteilt, wird von hölzernen Tonnengewölben überdacht. Hier finden rund 1600 Gläubige Platz, weit mehr als die Anzahl der heutigen Gemeindemitglieder – es sind etwa 600. Vor dem nationalsozialistischen Pogrom waren über 7000 Sepharden in diesem Viertel ansässig. Die bereits 1616 gegründete Bibliothek der Synagoge, **Ets Haim** (›Baum des Lebens‹), umfasst mehrere tausend Handschriften und religiöse Druckwerke und verfügt damit über eine der bedeutendsten Sammlungen jüdischen Schrifttums.

*Das Joods Historisch Museum nutzt vier alte Synagogen askenasischer Juden*

## 33 Joods Historisch Museum

*Eindrucksvolle Sammlung zur Geschichte der holländischen Juden.*

Nieuwe Amstelstraat 1
Tel. 020/531 03 10
www.jhm.nl
tgl. 11–17 Uhr
Metro: 51, 53, 54
Straßenbahn: 9, 14

Vier ehemalige Synagogen, die durch moderne, glasüberdachte Gänge miteinander verbunden sind, beherbergen das bedeutendste jüdische Museum außerhalb Israels, das 1987 im Beisein von Königin Beatrix eröffnet wurde. 1671 begannen askenasische Juden, die vor den Wirren des Dreißigjährigen Krieges aus Deutschland nach Amsterdam geflohen waren, mit dem Bau der *Grote Sjoel*, der Großen Synagoge. Weil die Gemeinde weiterhin stark anwuchs, wurde zunächst 1685 die der koscheren Schlachthalle aufgesetzte *Obbene Sjoel* errichtet. Es folgten im Jahr 1700 die *Dritt Sjoel* und 1752 die *Neie Sjoel*. Mit seiner bemerkenswerten Sammlung von Gegenständen, Dokumenten und Fotos zeichnet das Museum einprägsame Bilder vom jüdischen Glauben, dem Zionismus, dem Leben der Juden in den Niederlanden und von ihrer Verfolgung während der nationalsozialistischen Besatzung. Zu den rituellen Gegenständen gehören der nach Jerusalem ausgerichtete, aus weißem Marmor gearbeitete ›Heilige Schrein‹ sowie Thoramäntel und Thorakronen. Teil der ständigen Ausstellung sind ferner Gouachen der im Alter von 26 Jahren in Auschwitz ermordeten Berliner Malerin *Charlotte Salomon*. In einer eigenen Abteilung lernen Kinder die Hollanders kennen, die ihnen spielerisch den Alltag einer jüdischen Familie näher bringen.

# Westlicher Grachtengürtel – exklusive Gegend für Herrenhäuser und Hausboote

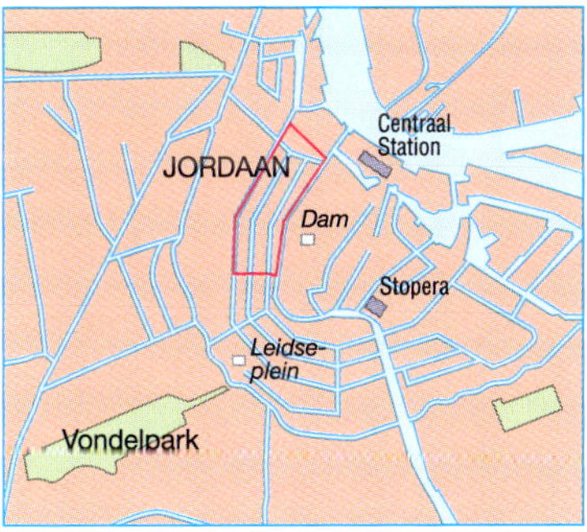


Wie die Jahresringe eines Baumes umschließen der Singel sowie die Heren-, Keizers- und Prinsengracht den Kern der *Amsterdamer Altstadt*. Bis Ende des 16. Jh. wurde die Stadt im Westen durch den breiten **Festungsgraben Singel** begrenzt. Während des Achtzigjährigen Krieges sahen sich viele Protestanten aus den südlichen Niederlanden gezwungen in die nördlichen, *calvinistischen Provinzen* zu fliehen. Amsterdams Bevölkerungszahlen stiegen dramatisch an, und schon bald platzte die Stadt aus allen Nähten. Um neues Wohnland zu schaffen, wurde 1612–63 in der Brache im Westen außerhalb des Singel der **Dreigrachtengürtel** angelegt. Damals entstand das einzigartige Kanalsystem, für das Amsterdam heute weltberühmt ist, insgesamt etwa 75 km Grachten, überspannt von fast 1300 Brücken. Das neu gewonnene Land wurde in schmale Parzellen aufgeteilt und teuer verkauft. Heute findet man z. B. entlang der **Herengracht** die prächtigsten Grachtenhäuser der ganzen Stadt mit dem schönsten Giebelschmuck. An dieser exklusiven Wasserstraße konnten sich im 17. Jh. nur die allerreichsten Handelsherren niederlassen. In der **Keizersgracht**, benannt nach *Kaiser Maximilian I.*, und der **Prinsengracht**, benannt nach den *Prinzen des Hauses Oranien*, stehen deutlich bescheidenere historische Quartiere, doch auch hier gibt es viele malerische Winkel, die zum Flanieren einladen, eine Menge schöner Giebelhäuser und zahlreiche Wohnboote. Weitere touristische Anziehungspunkte des Viertels sind das **Anne Frank Huis**, in dem sich die jüdische Familie Frank während des Zweiten Weltkriegs vor den Nationalsozialisten versteckt hielt, und die **Westerkerk**, deren Kirchturm einen eindrucksvollen Panoramablick über das Grachtengewirr bietet.

## 34 Multatuli Museum

*Erinnert an einen mutigen Kolonialbeamten, der die Ausbeutung der Bevölkerung in den niederländischen Kolonien Südostasiens anprangerte.*

Korsjespoortsteeg 20
Tel. 020/638 19 38
www.multatuli-museum.nl
Di 10–17, Sa/So 12–17 Uhr,
Juli/Aug. Sa geschl.
Straßenbahn: 1, 2, 5, 13, 17

Leid und Enttäuschung spiegeln sich im Gesicht der 1987 auf der Torensteegbrug aufgestellten **Skulptur** des Kolonialbeamten und Dichters *Eduard Douwes Dekker* wider – Gefühle, die er auch mit seinem selbst gewählten Pseudonym *Multatuli* (›Ich habe viel gelitten‹) zum Ausdruck brachte. Von der Brücke ist es nur ein kurzes Stück zum Korsjespoortsteeg 20, seinem Geburtshaus. Bereits in jungen Jahren wurde er von seinem Vater, einem Kapitän, in die niederländischen Kolonien nach Südostasien (Niederländisch-Ostindien) geschickt. Über seine Erfahrungen auf der indonesischen Insel Java berichtete er in seinem Buch ›Max Havelaar‹. Ein Zimmer seines Geburtshauses ist heute als kleines **Museum** eingerichtet. Anhand von Erstausgaben seiner Werke und von Briefen wird das Leben jenes Mannes dokumentiert, der – wenn auch letztlich ohne Erfolg – als erster den Mut aufbrachte, gegen die niederländische Kolonialpolitik aufzubegehren.

*Die Stadt Amsterdam gedenkt Multatulis mit einer Statue auf der Torensteegbrug*

### Multatuli – ungeliebter Zeuge der Kolonialzeit

Überaus heftige Reaktionen rief der 1860 erschienene Roman ›Max Havelaar oder Die Kaffeeversteigerungen der niederländischen Handelsgesellschaft‹ in den Niederlanden hervor – der Autor berichtete über seine Jahre als Kolonialbeamter auf der indonesischen Insel Java. Die Öffentlichkeit war entsetzt, und das Parlament diskutierte. Der Verfasser **Eduard Douwes Dekker** (1820–1887) hatte in seinem autobiografischen Roman unter dem Pseudonym Multatuli (›Ich habe viel gelitten‹) schonungslos die Unterdrückung und Ausbeutung der Bauern auf den Kaffeeplantagen Javas durch die niederländischen Kolonialherren aufgedeckt. Und das zu einer Zeit, als gut ein Drittel der Staatseinnahmen mit der Fronarbeit der Indonesier erzielt wurde. Dekker selbst hatte die Missstände auf Java hautnah erlebt und in seiner Position als Kolonialbeamter versucht, auf die menschenverachtende Behandlung der indonesischen Bevölkerung aufmerksam zu machen, stieß jedoch bei seinen Vorgesetzten nur auf Ablehnung. Resigniert bat er schließlich um seine Entlassung. Nach der Veröffentlichung seines Romans sah er sich in den Niederlanden wiederholt Anfeindungen ausgesetzt, sodass er schließlich nach Deutschland ging, nach Nieder-Ingelheim, wo er bis zu seinem Tod lebte. Über seine Heimat äußerte er sich enttäuscht: »Es liegt ein Raubstaat an der See, zwischen Ostfriesland und der Schelde …«. Diesen mochte er nicht mehr betreten.

## 35 West-Indisch Huis

*Ehemaliges Hauptquartier der ›Verenigde West-Indische Compagnie‹.*

Herenmarkt
Bus: 18, 22

Nach dem Vorbild der ›Verenigde Oost-Indische Compagnie‹, die ab 1602 den Handel mit Südostasien kontrollierte, wurde 1621 die **Verenigde West-Indische Compagnie** (VWC) gegründet, um den Warenaustausch mit der Neuen Welt anzukurbeln. Hauptsitz der Gesellschaft war das am Herenmarkt gelegene West-Indisch Huis. Das Gebäude selbst kann nicht besichtigt werden, nur der Innenhof, in dem kein Geringerer als *Pieter Stuyvesant* (1592–1672) mit Degen und Holzbein posiert. Sein Bein hatte der Friese beim Sturm auf die portugiesische Karibikinsel St. Martin verloren, drei Jahre bevor er 1647 Gouverneur von *Nieuw Amsterdam*, dem heutigen New York, wurde.

Die VWC hatte im 17. Jh. das Monopol für die Westküste Afrikas, die Karibik sowie Nord- und Südamerika inne, es gab Kontore in Brasilien und der Karibik. Zu Reichtum kam die Gesellschaft aber nicht nur durch den Überseehandel – Handelsgüter waren u. a. Zucker, Tabak und Baumwolle –, sondern auch durch Piraterie und Menschenhandel. So soll die VWC Afrikaner verschleppt und in Süd- und Mittelamerika in die Sklaverei verkauft haben. Und in den Kellern am Herenmarkt lagerte einst sogar der Schatz, den Admiral *Piet Heyn* 1628 der spanischen Silberflotte vor der kubanischen Küste abgejagt hatte. Noch heute lernen die Schulkinder das Volkslied über den Helden: »Piet Heyn, zijn naam is klein, zijn dade benne groot: hij heeft gewonne de Zilverfloot.« Der erfolgreiche Beutezug brachte den Aktionären der Handelsgesellschaft damals enorme Dividenden, und der Kurs der Aktie schoss in die Höhe. Die siegreichen Seeleute Heyns sollten als Prämie 17 zusätzliche Heuern erhalten. Als diese ausblieben, zogen die Matrosen mit einer Kanone zum West-Indisch Huis, um den Silberschatz zu kapern, hatten jedoch das Schießpulver vergessen und mussten unverrichteter Dinge abziehen.

TOP TIPP An der Rückseite des Herenmarkt liegt die **Brouwersgracht**, die das Viertel Jordaan [s. S. 62] nach Norden hin begrenzt. Hier, an einem der malerischsten Kanäle Amsterdams, reihten sich im 17. Jh. Speicherhäuser, Gerbereien und, wie der Name verrät, Brauereien und Distillerien aneinander. Die gut erhaltenen Speicherhäuser mit ihren Rundbogenfenstern und -türen und den großen, hölzernen Fensterläden wurden in den letzten Jahren teilweise in Wohnungen, Büros und Künstlerateliers umgewandelt. Wohnboote, die an den Grachten vertäut sind, runden das pittoreske Bild ab.

## 36 Anne Frank Huis

TOP TIPP *Grachtenhaus, in dem sich das jüdische Mädchen Anne Frank zusammen mit seiner Familie und Freunden zwei Jahre lang verborgen hielt, bevor sie entdeckt und ins Konzentrationslager deportiert wurde.*

Eingang: Prinsengracht 267
Tel. 020/556 71 00
www.annefrank.org
Mitte März–Mitte Sept. tgl. 9–21,
Mitte Sept.–Mitte März tgl. 9–19 Uhr
Straßenbahn: 13, 14, 17

Wer das schmale Haus an der Prinsengracht 263 besichtigen möchte, braucht Geduld, denn die Warteschlange ist meist lang. Rund eine Million Besucher aus aller Welt zieht es mittlerweile Jahr für Jahr zu dem Unterschlupf im **Hinterhaus**, in dem sich die bereits 1933 aus Frankfurt geflüchtete jüdische Familie Frank zusammen mit Freunden über zwei Jahre lang, von Juli 1942 bis August 1944, vor den Nationalsozialisten verborgen hielt. In diesem Versteck schrieb Anne Frank, die zum Zeitpunkt des Untertauchens gerade einmal 13 Jahre alt war, ihr ergreifendes Tagebuch, das 1946, ein Jahr nach ihrem Tod, unter dem Titel ›*Het Achterhuis*‹ (Das Hinterhaus) veröffentlicht wurde. In über 50 Sprachen übersetzt, zählt das Tagebuch der Anne Frank zu den berühmtesten Zeitdokumenten des Zweiten Weltkriegs.

Das Gebäude ist heute als Museum eingerichtet und wird von der Anne Frank Stiftung verwaltet. Beim Rundgang gelangt man vom Vorderhaus durch den damals hinter einem drehbaren Bücherschrank verborgenen Eingang in das Hinterhaus. Über eine enge Treppe erreicht man das Versteck, das weitgehend in seinem ursprünglichen Zustand, jedoch ohne Möblierung, erhalten ist. In den Räumen des Vorderhauses, in denen der Vater Otto Frank seit 1933 ein Geschäft be-

*Altstadtsanierung – die Speicherhäuser in der Brouwersgracht wurden restauriert und in begehrten Wohnraum umgewandelt*

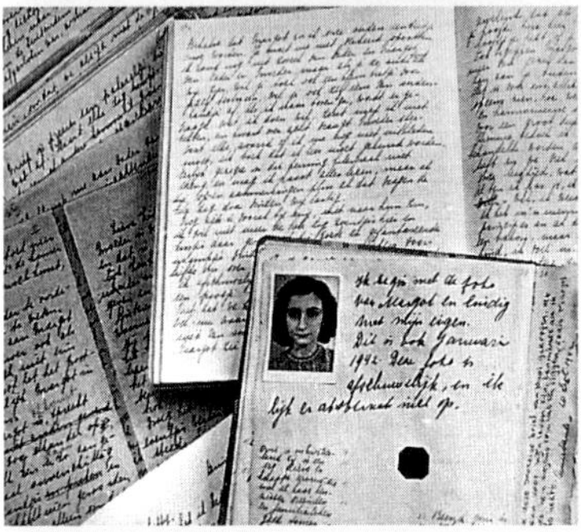

**Oben:** *Familie Frank mit Freunden*
**Links:** *Auszug aus dem berühmten Tagebuch der Anne Frank*

## Das Tagebuch der Anne Frank (1929–1945)

Am **4. August 1944** drangen Gestapo und niederländische Miliz in das Hinterhaus der Prinsengracht 263 ein und verhafteten Otto Frank, seine Frau Edith, seine beiden Töchter Margot und Anne sowie die Familie Van Pels (im Tagebuch ›Van Daan‹ genannt) und den Zahnarzt Dr. Pfeffer (›Van Dussel‹). Über zwei Jahre lang, von Juli 1942 bis August 1944, hatte sich die jüdische Familie zusammen mit ihren Freunden im **Hinterhaus**, dessen geheimer Eingang hinter einem drehbaren Bücherschrank lag, vor den Nationalsozialisten versteckt gehalten. Dann wurde sie verraten. Bald nach der Verhaftung der Untergetauchten wurden die Möbel beschlagnahmt und abtransportiert, zurück blieben, auf dem Fußboden achtlos verstreut, mehrere Hefte und lose Blätter: das während der Jahre im Versteck geführte Tagebuch **Anne Franks**. Freunde entdeckten die Seiten und nahmen sie an sich, um sie für das jüdische Mädchen aufzubewahren. Doch Anne Frank erlebte das Ende des Krieges nicht mehr. Sie starb im **März 1945** nur 15-jährig im Konzentrationslager Bergen-Belsen an Typhus, zwei Monate bevor englische Truppen das Lager befreiten.

Otto Frank, nach Auschwitz verschleppt, überlebte als einziger der Familie den Genozid und kehrte nach dem Krieg nach Amsterdam zurück. Hier übergaben ihm die Freunde das Tagebuch seiner Tochter, 1946 ließ er es veröffentlichen. Den Titel **›Het Achterhuis‹** (Das Hinterhaus), hatte Anne Frank, die gerne Schriftstellerin geworden wäre und aus ihrem Tagebuch einen Roman machen wollte, selbst ausgewählt.

Das ergreifende Dokument aus der Feder des lebensfrohen, jungen Mädchens – »Radfahren, tanzen, pfeifen, die Welt sehen, mich jung fühlen, wissen, dass ich frei bin – danach sehne ich mich« – wurde zum **Weltbestseller**, übersetzt in über 50 Sprachen. Das Tagebuch ist in Form von Briefen abgefasst, die Anne Frank an ihre imaginäre Freundin Kitty schrieb. Darin erzählt sie von ihren und ihrer Mitbewohner Ängsten, Hoffnungen und Freuden, ihren eigenen Schwächen und Stärken. Ihr letzter Eintrag lautet: »Ich ... suche dauernd nach einem Mittel um so zu werden, wie ich gern sein würde und wie ich sein könnte, wenn ... wenn keine anderen Menschen auf der Welt leben würden«. Diese anderen Menschen wurden ihr zum Verhängnis.

trieben hatte, wird das Leben der Familie im Verborgenen dokumentiert, hier kann man auch einen Blick auf das **Original des Tagebuches** werfen. Wechselausstellungen zu den Themenbereichen Nationalsozialismus, Antisemitismus und Rassismus ergänzen das Programm dieser Gedächtnissammlung.

## 37 Westerkerk

TOP TIPP *1669 wurde Rembrandt in dieser Kirche bestattet, doch leider konnte sein Grab bislang nicht gefunden werden.*

Westermarkt
Tel. 020/6247766
www.westerkerk.nl
April–Sept. Mo–Fr 11–15 Uhr, Juli/Aug. auch Sa 11–15 Uhr
Straßenbahn: 13, 14, 17

Eine überdimensionale blau-rot-goldene Krone auf der Spitze – sie erinnert an *Kaiser Maximilian I.* von Österreich, der der Stadt Amsterdam 1489 das Recht verliehen hatte, seine Kaiserkrone im Wappen zu tragen [s. S. 12] – macht den schlanken **Westertoren**, den Kirchturm der Westerkerk, zum unverwechselbaren Wahrzeichen der Stadt. Der auch *Langer Jan* genannte Turm ragt 85 m in die Höhe und ist damit der höchste Aussichtspunkt Amsterdams. Den herrlichen Ausblick auf den westlichen Grachtengürtel sollte man sich nicht entgehen lasssen.

Auch der übrige Bau – das größte je in den Niederlanden errichtete protestantische Gotteshaus – beeindruckt. So erreichen die beiden sich durchdringenden Schiffe, der Kirchengrundriss besitzt die Form eines griechischen Kreuzes, eine Höhe von 28 m. Die Kirche wurde 1620 vom damaligen Stadtbaumeister *Hendrik de Keyser* im Stil holländischer Renaissance begonnen. De Keyser verstarb jedoch schon bald, den Bau stellte dann sein Sohn Pieter im Jahre 1631 fertig. Das Äußere überrascht durch seine schmückenden Elemente, pilastergerahmte Fenster, die aus weißem Sandstein gefertigt sind und sich gut von den roten Backsteinwänden absetzen. Das **Kircheninnere** dagegen entspricht weitgehend dem calvinistischen Schlichtheitsgebot, abgesehen von der monumentalen, von Orgelbauer *Roelof Barentsz. Duyschot* und seinem Sohn Johannes 1686 gefertigten **Orgel**, deren Flügel der bedeutende Freskenmaler *Gerard Lairesse* (1640–1711) mit Darstellungen aus dem Alten

*Die Krönung – die Kaiserkrone Maximilians I. auf der Turmspitze der Westerkerk*

Testament, den vier Evangelisten und Musikinstrumenten versehen hat.

1966 fand hier die Trauung der heutigen *Königin Beatrix* mit *Claus von Amsberg* statt, die von Protestdemonstrationen begleitet wurde [s. S. 15].

Noch immer birgt die Kirche aber ein Geheimnis – das um die **Grabstätte Rembrandts**, der hier am 8. Oktober 1669 in einem Armengrab bestattet wurde. Da nach wie vor nicht bekannt ist, wo im Sakralbau der Meister ruht, hat man Anfang des 20. Jh. beim Grab seines ebenfalls hier beerdigten Sohnes Titus eine Gedenkplatte angebracht. Die Untersuchung der in der Kirche vorhandenen Gebeine wurde mittlerweile erfolglos abgebrochen. Auf die Spur Rembrandts sollte u. a. die Analyse des Bleigehalts von Knochen führen, denn im 17. Jh. war das Schwermetall Bestandteil der Farben, mit denen Maler täglich umgingen und setzte sich daher vermehrt in deren Körpern ab.

Auf dem Westermarkt, zwischen Kirche und Keizersgracht, wurde 1987 das von *Karin Daan* geschaffene **Homomonument** ›De Drie Driehoeke‹ aufgestellt. Es besteht aus drei großen Dreiecken aus rosa Granit und erinnert an die Verfolgung der Homosexuellen durch die Nationalsozialisten. In den Konzentrationslagern mussten die Deportierten als Identifikationszeichen ein rosa Dreieck an ihrer Kleidung tragen.

*Ein echtes Schmuckstück – das prächtige Bartolottihuis aus dem 17. Jh., heute Teil des Theatermuseums, demonstriert den Wohlstand seiner Erbauer*

## 38 Theatermuseum

*Die Welt des Theaters, präsentiert in hochherrschaftlichen Grachtenhäusern.*

Herengracht 168–174
Tel. 020/551 33 00
www.theaterinstituut.nl
Mo–Fr 11–17, Sa/So 13–17 Uhr
Straßenbahn: 13, 14, 17

Das an der vornehmen Herengracht gelegene Theatermuseum lohnt allein wegen seiner herrlichen Ausstellungsräume in zwei alten Grachtenhäusern aus dem 17. Jh. einen Besuch. Das **Witte Huis** aus hellem Sandstein, 1638 nach Plänen des Baumeisters *Philip Vingboons* errichtet, besticht durch seinen mit zwei großen Voluten verzierten, hoch aufragenden Halsgiebel, dem ersten dieser Art in ganz Amsterdam. Das benachbarte **Bartolottihuis**, 1617/18 von *Pieter de Keyser* für den Kaufmann Willem van den Heuvel erbaut, ist ein schönes Beispiel für die Architektur der holländischen Renaissance. Die Fassade besitzt einen imposanten Treppengiebel, der durch italienischen Zierrat wie Säulchen und Vasen ausgeschmückt ist. Im Inneren der beiden Gebäude beeindruckt das herrliche Interieur im Stil Louis XIV., das in der ersten Hälfte des 18. Jh. entstand. Ebenfalls aus dieser Zeit stammen das reiche Stuckwerk sowie die Gemälde von *Jacob de Wit* und *Isaac de Moucheron*, die Wände und Decken der Empfangsräume schmücken. Imposant ist die ausladende Wendeltreppe im Witte Huis, die aufgrund ihrer ovalen Form größer wirkt als sie eigentlich ist – in den schmalen Grachtenhäusern eine Rarität. Das **Theatermuseum** selbst bietet einen abwechslungsreichen Rundgang durch mehrere Jahrhunderte niederländische Theatergeschichte, ausgestellt werden Requisiten, Kostüme, Masken, Plakate und Künstlerfotos. Besondere Attraktion ist das von Baron van Slingelandt geschaffene Miniaturtheater aus dem 18. Jh., eigentlich ein Kinderspielzeug.

*Das Woonboot Museum belegt eindrucksvoll, dass man auf Hausbooten doch nicht alles so eng sehen muss*

## 39 Woonboot Museum

*Wohnen auf dem Wasser.*

Prinsengracht, gegenüber Haus Nr. 296
Tel. 020/427 07 50
www.houseboatmuseum.nl
März–Okt. Di–So 11–17, Nov.–Febr. Fr–So 11–17 Uhr
Straßenbahn: 1, 2, 5

Dusche, Heizung, Kabelfernsehen und ein geräumiges Wohnzimmer – wie das Woonboot Museum eindrucksvoll demonstriert, müssen die Amsterdamer *Waterbewoner* auf Komfort nicht verzichten, sofern ihr Boot ebenso ausgestattet ist wie die ›**Hendrika Maria**‹. Der zum Hausboot und Museum umfunktionierte Kiesfrachter, der jahrzehntelang den Rhein auf und ab schipperte, liegt seit Sommer 1997 vertäut an der Prinsengracht. Originell ist es schon, billig aber nicht, das Wohnen auf dem Kanal: Gut 225 000 € werden beim Kauf eines etwa 15 m langen Bootes fällig, dazu kommt die Liegeplatzgebühr von 1000 € im Jahr, ferner sind Steuern und Unterhalt zu beachten, wobei die alle paar Jahre fällige Generaluntersuchung mit eventueller Ausbesserung des Rumpfes auf einer Werft besonders kräftig zu Buche schlägt. Doch das muss sein, sagt Museumsinitiator *Vincent van Loon*, schließlich sollen die zahlreichen Wohnboote ja nicht eines Tages in den Grachten versinken.

### Wohnen auf dem Wasser

An den Ufern der Amsterdamer Grachten liegen nahezu **3000 Hausboote**, von der schnittigen, modernen Jacht bis zum alten Lastkahn, die wie andere Wohnungen auch allesamt mit Strom, Gas, Wasser- und Abwasserrohren versorgt werden müssen. Annähernd **6000 Menschen**, vom normalen Bürger bis zum Künstler und Bohemien, haben diese Wohnform als die ihre gewählt. In manchen Hausbooten werden Kojen vermietet, einige dienen als Stundenhotel oder Marihuana-Höhle, eines sogar als Quartier für unzählige Katzen.

Ursprünglich als eine Übergangslösung für den in den 50er-Jahren des 20. Jh. in Amsterdam herrschenden **Wohnungsmangel** gedacht, gerät das Leben auf dem Wasser heute zunehmend zu einer exklusiven Form des Wohnens. Wer nämlich meint, er brauche sein Boot nur am Ufer irgendeiner Gracht festzumachen und könne dort liegen bleiben, täuscht sich. Alle offiziellen **Liegeplätze** der Stadt sind längst verkauft, Interessenten müssen also warten, bis ein vorhandener Platz frei wird – und dann tief in die Tasche greifen.

# Jordaan – vom Arbeiter- zum Szeneviertel

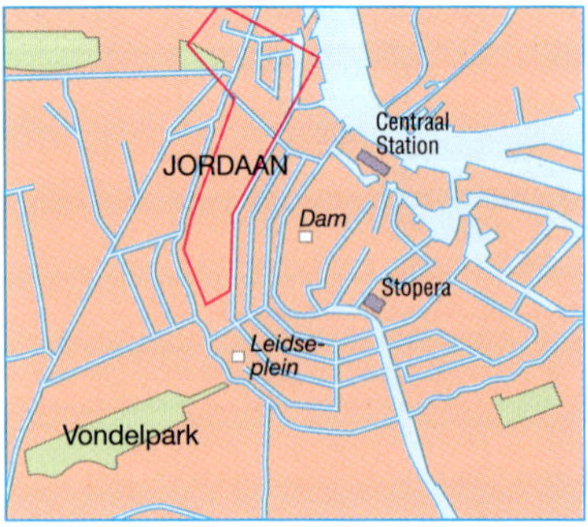


Im frühen 17. Jh., also zeitgleich mit dem Aushub des *Dreigrachtengürtels*, wurde auch das westlich anschließende Sumpfland bewohnbar gemacht. Es entstand das Arbeiterviertel **Nieuwe Werck** (›Neue Arbeit‹). Woher die heutige Bezeichnung dieses im Osten von Prinsen-, im Süden von Leidse-, im Westen von Lijnbaans- und im Norden von Brouwersgracht begrenzten Bezirks, **Jordaan**, stammt, ist unklar. Da etliche Grachten Blumennamen tragen, möglicherweise von *Jardin* (franz. Garten). Hier siedelten besonders Abdecker, Gerber, Kesselmacher, Schmiede und andere Handwerker, deren Gewerbe Gestank und Lärm produzierten – vom *Goldenen Jahrhundert* war in diesem Viertel nicht viel zu spüren. Wie zahllose andere Arme lebte hier auch Rembrandt, der in jungen Jahren so erfolgreiche Maler. Er verbrachte seinen Lebensabend in einer bescheidenen Unterkunft an der **Rozengracht**. Der Jordaan blieb auch in den folgenden Jahrhunderten Heimat der Arbeiter und Mittellosen. Anfang des 20. Jh. hatte das Viertel 80 000 Einwohner.

In den 60er-Jahren des 20. Jh. entdeckten dann Künstler, Intellektuelle, Studenten und Aussteiger das westlich der Altstadt gelegene Viertel als preisgünstiges Wohnquartier. In Eigeninitiative restaurierten sie zahlreiche verwahrloste Häuser und bewahrten sie durch Protestaktionen vor dem Abbruch. Manche Werkstatt vergangener Tage ist mittlerweile in ein Atelier, mancher Tante-Emma-Laden in eine Boutique verwandelt worden. Doch hat sich vom ursprünglichen Flair des Arbeiterviertels noch einiges erhalten. Bei einem Spaziergang kann man allenthalben malerische Grachten, alte Wohnhäuser und idyllische Hofjes entdecken.

Auch die Gebäude auf den künstlichen Inseln des **Westerdok**, einst Lagerhäuser des betriebsamen Amsterdamer Hafens, sind mittlerweile begehrte Wohnquartiere. Fast schon museal ist schließlich das Quartier **Het Schip**, mit dem am Anfang des 20. Jh. der Architekt Michel de Klerk seine Vision von sozialem Wohnungsbau verwirklichte.

## 40 Jordaan

*Das alte Arbeiterviertel lockt mit seinen stimmungsvollen Grachten und stillen Hofjes, seinen zahlreichen Märkten und Kneipen ein bunt gemischtes Publikum an.*

Zwischen Prinsengracht und Lijnbaansgracht
Straßenbahn 13, 14, 17

Der Jordaan, der sich in den letzten Jahrzehnten vom Arbeiter- zum Szeneviertel mit vielen interessanten Geschäften, Galerien und Kneipen entwickelt hat, lässt sich am besten zu Fuß erkunden. Leider sind viele der einst stark verschmutzten Kanäle Ende des 19. Jh. aus hygienischen Gründen zugeschüttet worden, trotzdem ist das Viertel reich an malerischen Ecken, und immerhin gibt es auch noch über 800 denkmalgeschützte Wohnhäuser zu bestaunen.

Der Platz Ecke Prinsengracht/Elandsgracht am südöstlichen Rand des Vier-

*Im rechten Fahrwasser schwimmen – eine Tour durch die Grachten gehört zu Amsterdams ganz großen Attraktionen*

tels wurde von den alteingesessenen Jordaanern **Johnny Jordaan Plein** getauft – in Erinnerung an den in den 50er-Jahren des 20. Jh. so beliebten und noch heute verehrten Schnulzensänger *Johnny Jordaan*, der sich nach ›seinem‹ Viertel benannt und dieses in seinen Liedern inbrünstig besungen hat. Die Straßen des Jordaan haben jedoch nicht nur Schlagersänger angeregt. In der nahen **Lauriergracht** hat der Schriftsteller *Multatuli* [s. S. 55] die heroische Figur seines Romans ›Max Havelaar‹, den Kaffeehändler Droogstoppel, angesiedelt: »Ich bin Kaffeehändler und wohne in der Lauriergracht 37 …«.

Über die Rozengracht, in der Rembrandt seine letzten Lebensjahre verbrachte (sein vorheriges Wohnhaus existiert nicht mehr), erreicht man die

TOP TIPP

**Bloemgracht**. Sie zählt zu den schönsten der heute noch im Viertel erhaltenen Kanäle und wird wegen ihrer vornehmen Architektur auch die ›Herengracht des Jordaan‹ genannt. Besonders sehenswert ist das Häusertrio *De Drie Hendricken* (Nr. 87–91) aus dem 17. Jh., deren Treppengiebel interessante Fassadensteine aufweisen. Ihre Inschriften lauten ›De Steeman‹ (Der Städter), ›De Landman‹ und ›De Zeeman‹.

Kurz vor der Prinsengracht zweigt linker Hand die **Eerste Leliedwarsstraat** ab. Hier wuchs in ärmlichen Verhältnissen der Schriftsteller, Sozialist und Pädagoge *Theo Thijssen* (1879–1943) auf. In seinem Geburtshaus, Nr. 16, ist heute ein kleines Museum (Tel. 020/4207119, www.theothijssenmuseum.nl, Do–So 12–17 Uhr) über Leben und Schaffen Thijssens eingerichtet. Zu seinen Werken zählen ›Am Morgen eines Lebens‹ und ›Kees de Jongen‹, in denen er seine Kindheit im Jordaan beschreibt. Ein paar Straßen weiter nördlich, an der Lindenstraat vor dem *Café Thijssen*, wird mit einer Bronze des Lehrers gedacht: Thijssen sitzt auf einem Pult, ein Schüler auf einer Bank.

Auch die **Egelantiersgracht** besitzt noch einen Kanal, der wesentlich zum Charme der Straße mit ihren zahlreichen Häuserfassaden aus dem 17. und 18. Jh. beiträgt. Nahe der Prinsengracht lädt das über 200 Jahre alte *Café 't Smalle*, eines der bekanntesten *Bruine Cafés* Amsterdams [s. S. 123], zur gemütlichen Rast ein. Ruhe findet man auch im *Claes Claesz Hofje* (Eingang Eerste Egelantiersdwarsstraat 3), benannt nach Claes Claesz Anslo, einem Wiedertäufer und Textilkaufmann. Im ehemaligen Altenheim haben sich

*Nach der Stadtbesichtigung haben sich die ›Blues Brothers‹ eine Erholungspause in einem Straßencafé verdient*

heute Studenten der Musikakademie einquartiert. Einst gab es hier im Jordaan fast 100 dieser Wohnhöfe, doch nur noch wenige von ihnen sind erhalten und zu besichtigen. Gleich in der Nachbarschaft, in der Egelantiersgracht 107–141, steht das 1617 errichtete *Sint Andrieshofje* Besuchern offen. Der schmale Zugang präsentiert sich mit blau-weißen Delfter Kacheln verziert. Ein wahres Idyll mit gepflegtem Garten ist das weiter nördlich in der Karthuizerstraat 89–171 gelegene **Karthuizerhofje**. Es wurde 1650 an der Stelle eines Kartäuserklosters errichtet und war früher hauptsächlich von Witwen bewohnt, worauf auch der ursprüngliche Name Huys-Zitten-Weduwen-Hofje hinweist.

TOP TIPP

Die größte Kirche des Jordaan, die **Noorderkerk** (www.noorderkerk.org, Mo, Do, Sa 11–13, Mi 11–15, So 13.30–17 Uhr) erhebt sich am Nordostrand des Viertels, nahe der Prinsengracht. Sie wurde von Hendrik de Keyser entworfen, der das Stadtbild Amsterdams Anfang des 17. Jh. wesentlich geprägt hat. Da er jedoch schon bald nach Baubeginn 1620 verstarb, vollendete sein Nachfolger im Amt des Stadtbaumeisters, *Hendrick Staets*, das außen wie innen schlichte Gotteshaus bis 1623. Wie die etwa zur selben Zeit entstandene Westerkerk [s. S. 59] besitzt auch die Noorderkerk einen Grundriss in Form eines griechischen Kreuzes, der in der Folge für protestantische Kirchen häufig Verwendung fand. Auf dem Platz rund um das Gotteshaus, dem *Noordermarkt*, wurde einst der Viehmarkt abgehalten. Daran erinnern die Reliefs einer Kuh, eines Huhns und eines Schafes in den Giebelsteinen der Wohnhäuser Noordermarkt 17–19. Auch heute noch herrscht am Noordermarkt emsiges Markttreiben, an Samstagen findet hier der Ökomarkt der Biobauern statt, an Montagen Floh- und Vogelmarkt.

*Die Welt auf den Kopf gestellt – im Giebelstein in der Lindengracht schwimmen Fische in der Baumkrone*

Auch in der **Lindengracht**, die man in wenigen Minuten von der Noorderkerk aus in nördlicher Richtung erreicht, hat man den Kanal im 19. Jh. zugeschüttet. An die sich einst im Wasser spiegelnden Giebel erinnert der spaßige Fassadenstein an Haus Nr. 55: Fische schwimmen durch die Baumkrone einer Linde, die Jahreszahl steht auf dem Kopf, und der wie ein höchst seltsamer Name aussehende Schriftzug ›THCARGNEDNIL‹ ist nichts anderes als der seitenverkehrte Name der Straße. Beim Schlendern durch die Straße passiert man das 1616 entstandene Lindenhofje (Nr. 94–112), nach dem Begijnhof der älteste Wohnhof Amsterdams. Die Inschriften an den Fassaden der erst 1896 erbauten Häuser Nr. 206–220 weisen auf die Berufe ihrer einstigen Bewohner hin. In den winzigen Zweizimmerwohnungen hausten *Steenhouwer* (Steinhauer), *Grandwerker* (Erdarbeiter), *Loodjiter* (Klempner), *Metslaar* (Maurer) und andere Handwerker.

Bis 1886 war die Lindengracht Schauplatz eines grausamen Volksvergnügens, des *Paling trekken*, bei dem ein lebender, mit Seife eingeschmierter und an einem Seil über der Gracht aufgehängter Aal vom fahrenden Boot aus abgerissen werden musste. Als Polizisten ein Verbot dieses barbarischen Treibens durchsetzen wollten, kam es zum *Paling Oproer*. Fazit des blutig niedergeschlagenen Aufruhrs: 26 Tote und Hunderte Verletzte. Der Geschichte um das makabre Ereignis wurde 1931 ein weiteres Kapitel zugefügt. Damals hat ein Geschäftsmann den getrockneten Kadaver von 1886, auf einen ordentlichen Gewinn hoffend, versteigern lassen. Das Corpus Delicti brachte jedoch – trotz beiliegendem Echtheitszertifikat – nur 1,75 Gulden.

## 41 Westerdok

***Drei künstlich aufgeschüttete Inseln mit alten Lagerhäusern und kleinen Werften im westlichen Becken des alten Hafens.***

Nördlich Haarlemmerbuurt
Bus: 18, 22

Im Westerdok, dem westlichen Becken des alten Amsterdamer Hafens, wurden im frühen 17. Jh. drei Inseln, Bickers-, Realen- und Prinseneiland, künstlich aufgeschüttet. Etwas entlegen, hat sich hier das jahrhundertealte Flair des Hafenvier-

*Die roten Klappläden an den Speicherhäusern im Westerdok sind ein echter Blickfang*

tels erhalten. Hier gibt es alte Lagerhäuser, aber auch kleine Werften, auf denen Schiffe repariert und instand gehalten werden. Und auf den Grachten schaukeln Wohnboote und Kähne.

Vom Haarlemmerplein gelangt man durch eine Bahnunterführung zur *Sloterdijkstraat* und, wenn man dieser in östlicher Richtung folgt und die malerische weiße Hebebrücke *Sloterdijkbrug* überquert, direkt zum **Prinseneiland**. Benannt wurde die Insel nach ihrem größten, heute allerdings nicht mehr erhaltenen Lagerhaus, das die Namen dreier Oranierprinzen (Willem, Maurits, Frederik Hendrik) trug. Am Prinseneiland 24b wohnte und arbeitete Ende des 19. Jh. der mit Van Gogh befreundete Maler und Fotograf *George Hendrik Breitner* (1857–1923), dessen altes Ateliergebäude heute jedoch nicht mehr steht. In vielen seiner Fotografien und Gemälde, einige von ihnen können nach der Renovierung wieder im Rijksmuseum [s. S. 76] besichtigt werden, hat er das Leben in der Altstadt von Amsterdam festgehalten. Quer über die kleine Insel führt die Galgenstraat, deren Name an frühere Zeiten erinnert, als man zum Tode Verurteilte am IJ aufhängte und die Toten – »ter grauwelijck exempel«, als abschreckendes Beispiel – dort hängen ließ. Ob die erzieherische Maßnahme fruchtete, ist nicht gewiss, fest steht jedoch, dass die Galgen ein beliebtes Ausflugsziel der Amsterdamer waren. Im Norden stellt eine schmale Hebebrücke, die Drieharingenbrug (Dreiheringsbrücke), die Verbindung zum **Reaeleneiland** her. Hier, am Zandhoek, hatte der vermögende Kaufmann *Laurens Jacobsz. Reael* Anfang des 17. Jh. die ersten Gebäude errichten lassen. Die prächtigen Giebelhäuser dieser Straße sind zusammen mit den schönen Wohnbooten und den häufig hier festgemachten historischen *Tjalken*, einmastigen Küstensegelschiffen, ein viel fotografiertes Motiv. Im Giebelstein des Restaurants ›De Gouden Reael‹ (Haus Nr. 14, Tel. 020/623 38 83, www.goudenreael.nl) erkennt man eine Münze, den Real, der zu Lebzeiten von Laurens J. Reael in Spanien in Umlauf war. ›De Gouden Reael‹ ist zugleich der Titel einer Novelle von *Jan Mens*, mit der der Dichter den Blick der Öffentlichkeit auf das damals verwahrloste Gebiet am Westerdok lenkte und damit wesentlich zu dessen Sanierung beitrug.

Über den Zandhoek geht es weiter auf die dritte der künstlich angelegten Inseln, das **Bickerseiland**, das der wohlhabende Schiffsbauer und Kaufmann *Jan Bicker*, Bruder des damaligen Bürgermeisters Andries Bicker, 1631 gekauft hatte, um Wohn- und Lagerhäuser zu errichten, die größtenteils heute noch erhalten sind.

## 42 Het Schip

*Einst innovativer sozialer Wohnungsbau der Amsterdamer Schule.*

Spaarndammerplantsoen 140
www.hetschip.nl
Tel. 020/418 28 85
Mi–So 13–17 Uhr
Bus: 22

Noch hinter dem Westerdok kann man mit der für Bahnarbeiter geschaffenen Wohnanlage Het Schip eines der wichtigsten Werke der **Amsterdamer Schule** besichtigen. Geschaffen wurde der auf dreieckigem Grundriss um einen Innenhof angelegte Backsteinbau Anfang der 1920er-Jahre von Michel de Klerk, einer der führenden Persönlichkeiten der innovativen Architektengruppe. Verspielte Details wie Erker, Türmchen, abgerundete Ecken, Balkone und die stark unterteilten Fenster geben dem Bau seine ganz besondere Note. Den Platz am Bug des ›Schiffes‹ nimmt ein Postamt ein, in dem mittlerweile ein **Museum** über die Geschichte des Baus informiert. Im markanten Turm im Zentrum der Anlage wurde zudem eine Wohnung ganz im Stil der 1920er-Jahre wieder eingerichtet.

Die Bahnarbeiter, die zuvor in weitaus ärmlicheren Behausungen gewohnt hatten, waren zunächst begeistert, doch die Freude über den avantgardistischen Wohnblock schwächte sich schon bald ab, als die Bewohner daran gingen, die in bis zu 81 Scheiben unterteilten Fenster ihrer Wohnungen zu putzen.

*Aus dem Rahmen gefallen – die Wohnanlage Het Schip besticht durch verspielte Details*

# Südlicher Grachtengürtel – auf den Spuren der reichen Handelsherren

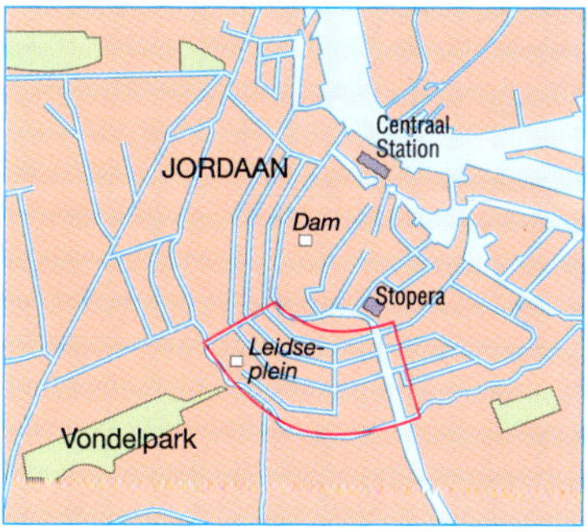


Lange Zeit galt der im 17. Jh. innerhalb von 40 Jahren angelegte südliche Grachtengürtel als die erste Wohnadresse Amsterdams. Zwischen **Heren- und Prinsengracht** lebten die wohlhabenden Kaufleute, die Banker, und auch der Bürgermeister war hier zu Hause. Einige der herrlichen Kanalhäuser wurden inzwischen in Museen umgewandelt und geben so sehenswerte Einblicke in das Leben der besseren Gesellschaft des 17. und 18. Jh. Die einstigen Wohnhäuser zweier bekannter Kaufmannsfamilien, heute **Museum Willet-Holthuysen** und **Museum Van Loon**, beeindrucken durch gediegene Originaleinrichtungen und durch die Kunstsammlungen ihrer früheren Bewohner. Angesichts der Ansammlung großer, prächtiger Stadtpaläste an der Herengracht rund um den Konigsplein sprechen die Amsterdamer noch heute ehrfurchtsvoll von der **Gouden Bocht**, der ›Goldenen Biegung‹. Andere Sehenswürdigkeiten des Viertels sind die **Magere Brug**, die letzte handbetriebene Hebebrücke Amsterdams, und das **Tuschinski Theater**, ein alter Filmpalast aus den 20er-Jahren des 20. Jh. im Stil des Art déco. Der am äußeren Rand des Grachtenrings gelegene **Leidseplein** schließlich zählt mit seinen zahllosen Cafés und Restaurants, Diskotheken und Musikklubs zu den beliebtesten Treffs des Amsterdamer Nachtlebens.

## 43 Leidseplein

*Der von Cafés gesäumte und von Straßenkünstlern belebte Platz ist ein beliebter Treff für Amsterdamer und Touristen.*

Straßenbahn: 1, 2, 5, 6, 7, 10

Amsterdam mit seinen Grachten und engen Straßen hatte schon im Mittelalter mit Verkehrsproblemen zu kämpfen, weshalb Pferdegespanne und größere Karren auf Plätzen am Stadtrand zurückgelassen werden mussten. Wer beispielsweise aus der Richtung Leiden anreiste, parkte auf dem Leidseplein und passierte das Leidsepoort, ein im 19. Jh. abgerissenes Stadttor, auf einem kleineren Gefährt.

Heute ist der am Rand des Dreigrachtengürtels gelegene Platz ein Zentrum des städtischen Lebens, sommers wie winters. Während man hier in der kalten Jahreszeit auf einer Eislaufbahn seine Runden drehen kann, laden in den wärmeren Monaten Straßencafés zum Verweilen ein, ziehen Musikanten, Feuerschlucker, Jongleure und Artisten die Passanten in ihren Bann, aber – Obacht! – auch so mancher Taschendieb den Zuschauern unbemerkt die Geldbörse aus der Tasche. In den letzten Jahren hat sich das Aussehen des Platzes gewandelt, haben Fast-Food-Läden alteingesessene Lokale verdrängt. Was der Beliebtheit jedoch kaum Abbruch tut. Besonders im Sommer ist der Platz ein gut besuchter Treff der Einwohner und Touristen, die von hier aus abends und nachts durch die umliegenden Kneipen, Nachtklubs und Diskotheken ziehen oder eines der Kinos oder Theater besuchen. Zu den bekanntesten Klubs der Stadt gehört das in den Gemäuern einer alten Kirche eingerichtete, ausgesprochen angesagte **Paradiso** (Weteringsschans 6–8, s. S. 126). Statt Chorgesängen

*Leidseplein, einer der beliebtesten Treffs des Amsterdamer Nachtlebens* ▷

TOP TIPP ertönen hier nun Reggae und Salsa. Und im Kulturzentrum **Melkweg** (Lijnbaansgracht 234a, s. S. 126), einst Molkerei und dann Treffpunkt der Hippies, spielen heute Hochkaräter aus Rock, Pop, Folk und Jazz auf. Auch Filmklassiker-Fans kommen auf ihre Kosten.

Die Westseite des Leidseplein wird von zwei imposanten Gebäuden eingenommen. Als erstes fällt die **Stadsschouwburg** ins Auge, ein roter Backsteinbau mit Arkaden und Türmchen im Stil der Neorenaissance. Errichtet wurde das feudale Stadttheater mit Königsloge 1894 nach Entwürfen von *J. L. Springer*, aufgeführt werden hier vorwiegend Schauspiele, aber auch Opern und Ballett. Das Gebäude am Leidseplein ist allerdings nicht nur Theaterfreunden bekannt, sondern auch Fußballfans, denn nach einem bedeutenden Sieg lassen sich Spieler und Funktionäre von AJAX Amsterdam stets auf dem Balkon des Theaters von ihren auf dem Platz versammelten Fans feiern. In dem Gebäude ist außerdem das *Amsterdam Uitburo* (AUB) untergebracht, in dem man Informationen über die aktuellen kulturellen Veranstaltungen in der Stadt sowie Eintrittskarten erhält.

Gleich nebenan erhebt sich das Hotel **Amsterdam American** [s. S. 131], das zu den schönsten Jugendstilbauten der Stadt zählt. Errichtet wurde es 1902 von *Willem Kromhout*, nachdem ein nur 20 Jahre altes, im neogotischen Stil errichtetes Hotel abgerissen wurde – ver-

*Original erhaltene Art-déco-Ausstattung im Café Americain*

mutlich entsprach es nicht mehr dem Zeitgeschmack. Sehr zu empfehlen ist ein Besuch des **Café Americain**, dessen Original Art-déco-Ausstattung – Wandgemälde, Glasmalereien, Tiffanylampen – nach aufwendiger Restaurierung in neuem Glanz erstrahlt. Einst war das Hotelcafé [s. S. 124] Treffpunkt von Intellektuellen, Theaterleuten und Journalisten. Auch Klaus Mann war regelmäßig Gast und soll hier an seinem Mephisto gearbeitet haben.

## 44 Kattenkabinet

*In diesem ungewöhnlichen Museum dreht sich alles um die Katze.*

Herengracht 497
Tel. 020/626 53 78
www.kattenkabinet.nl
Di–Fr 10–16, Sa/So 12–17 Uhr
Straßenbahn: 1, 2, 4, 5, 9, 14

In einem stattlichen Patrizierhaus an der Herengracht kann ein weiteres der vielen eher ungewöhnlichen Amsterdamer Museen besichtigt werden, das Kattenkabinet. Gewidmet ist die durchaus sehenswerte Ausstellung dem 1984 hier verstorbenen *John Pierpont Morgan* und seinen Artgenossen. Der Verstorbene war kein gewöhnlicher Hausbewohner – wie schon sein von einem steinreichen New Yorker Banker und Sammler entliehener Name andeutet –, sondern der Kater des Eigentümers, des wohlhabenden Bankiers und echten Katzenfreundes *Bob Meijer*, der im Laufe seines Lebens eine beachtliche Sammlung an Kunstwerken und Gebrauchsgegenständen rund um die Katze zusammengetragen hat. Begrüßt werden die Museumsbesucher von zwei Bildern mit dem Konterfei des Katers Morgan. Daneben können Katzenexponate aus mehreren Jahrhunderten betrachtet werden, von einer Bronzeskulptur aus dem alten Ägypten, über Kupferstiche von Rembrandt bis zu Gemälden von Karel Appel. Gelegentlich finden Wechselausstellungen statt, die natürlich auch nur ein Thema haben: Katzen.

## Giebelformen – die Typologie der Amsterdamer Grachtenhäuser

*Treppen- oder Stufengiebel (Ende des 16. Jh.)*

Seine besondere Atmosphäre verdankt Amsterdam den Grachten – und den Tausenden von Grachtenhäusern. Rund 7000 alte **Wohn- und Speicherhäuser** entlang der Kanäle stehen unter Denkmalschutz, die meisten von ihnen stammen aus dem 18. und 19. Jh., doch gibt es auch noch einige Exemplare aus dem 17. Jh. Bei einer Grachtenrundfahrt oder einem Spaziergang entlang des Grachtengürtels lohnt es sich, den Blick immer wieder gen Himmel zu richten, denn kein Haus gleicht dem anderen, und immer wieder entdeckt man schöne Schmuckformen. Die typischen Amsterdamer Kanalhäuser sind schmal und hoch und besitzen als krönenden Abschluss einen stattlichen Giebel. Im Laufe der Zeit haben sich verschiedene **Giebelformen** herausgebildet, an denen man die ungefähre Entstehungszeit der Gebäude festmachen kann.

Als im 17. Jh. der Dreigrachtengürtel aus Heren-, Keizers- und Prinsengracht anlegt wurde, war man bestrebt, das mühsam dem sumpfigen Gelände abgerungene, höchst kostbare Bauland optimal zu nutzen. So parzellierte man das jeweils zwischen zwei Kanälen gelegene Areal in zwei Reihen schmaler Normgrundstücke. Da sich die Berechnung der Steuern nach **Hausbreite** und Fensteranzahl richtete, sind die meisten Häuser nur 4 bis 6 m breit, dafür aber gut 25 m tief. Wer es sich leisten konnte, kaufte zwei nebeneinander liegende Parzellen und baute ein Haus, dessen Fassade zwei Häuser vortäuschte. Um

*Schnabelgiebel (Ende des 16. Jh.)*

den Gebäuden Standfestigkeit zu geben, wurden lange Fichtenstämme bis zu 20 m durch den sumpfigen Boden in tragfähigen Grund getrieben. Die drei bis vier Stockwerke hoch aufragenden Häuser bestehen aus **Voorhuis** (Vorderhaus) und **Achterhuis** (Hinterhaus), haben meist ein Onderhuis (Souterrain) und darüber die über eine Freitreppe von der Straße aus zugängliche Beletage sowie zwei bis drei Wohnetagen. Die oberen Stockwerke sind über enge, steile Stiegen zu erreichen – doch es ist völlig unmöglich, sperrige Möbel auf diesem Weg nach oben zu transportieren. Umzugsgut musste daher mittels des aus dem Giebel herausragenden **Hijs-**

**balk** an einem Flaschenzug hochgezogen und durch die Fenster ins Haus gehievt werden. Eine Eigenheit der älteren Gebäude ist der **Vluchtgevel**, der sich etliche Grade nach vorn über die Straße neigende Giebel. Sinn und Zweck? Darüber gibt es verschiedene Theorien: zum Schutz der Fassade vor Regenwasser, meinen die einen, damit Gegenstände beim Heraufziehen mit dem Flaschenzug nicht gegen die Wand schlagen, argumentieren die anderen.

Typisch für die mittelalterlichen Wohnhäuser Amsterdams ist der schlichte **Spitzgiebel**, wie ihn das älteste Holzhaus der Stadt im Begijnhof [s. S. 35] aufweist. Mit steigendem Wohl-

*Hals- oder Flaschengiebel (Mitte des 17. Jh.)*

stand breiter Schichten ab dem Ende des 16. Jh. wurde der Giebel dann zur Zierde des Hauses, und neue Formen entstanden. Der **Treppen- oder Stufengiebel** war von Ende des 16. bis Mitte des 17. Jh. an Wohnhäusern beliebt, während an Speicherhäusern der Zeit der eher schmucklose **Schnabelgiebel** bevorzugt wird. Dieser sieht aus wie ein Spitzgiebel mit rechteckigem Abschluss. Der **Hals- oder Flaschengiebel**, ein rechteckiger Aufsatz, dessen Ecken viel Raum für Schmuckformen wie Blumen- oder Fruchtgirlanden lassen, kam Mitte des 17. Jh. auf und hielt sich etwa 150 Jahre. Aus dem Halsgiebel entwickelte sich ebenfalls Mitte des 17. Jh. der **Glockengiebel**. Hierbei geht die Fassade in einem schwungvollen Bogen in den Giebel über. Auch dieser wird gerne verziert, z. B. durch Voluten. Ende des 18. Jh. kam schließlich der **Leistengiebel** in Mode, ein mitunter reich verzierter, waagrechter Fassadenabschluss im Stil des französischen Klassizismus.

Erst unter Louis Napoleon Anfang des 18. Jh. wurden überhaupt Hausnummern in Amsterdam eingeführt. Bis zu diesem Zeitpunkt erleichterte der **Gevelsteen**, eine kleine Relieftafel über der Tür mit den verschiedensten Motiven das Auffinden eines Hauses. Häufig wurde auf dem Giebelstein der Beruf des Bewohners dargestellt, aber auch religiöse Motive, Tiere und Pflanzen sowie Gestirne gaben dem Haus eine persönliche Note – der Fantasie waren keine Grenzen gesetzt.

*Glockengiebel (Mitte des 17. Jh.)*

Das Tuschinski Theater aus den 1920er-Jahren begeistert bis heute seine Besucher

## 45 Tuschinski Theater

TOP TIPP

*Amsterdams schönster Filmpalast mit herrlichem Art-déco-Interieur aus den 1920er-Jahren.*

Reguliersbreestraat 26–34
Kartenreservierung: Tel. 09 00/14 58
www.tuschinski.nl
Straßenbahn: 4, 9, 16, 24, 25

Auch wenn man sich gar keinen Film ansehen möchte, lohnt die ›Alte Dame‹, wie die Amsterdamer das Tuschinski Theater liebevoll nennen, einen Besuch. Von außen erhielt der 1921 von dem polnischen Juden *Abraham Tuschinski* errichtete Filmpalast vor wenigen Jahren ein Facelifting, sodass die prachtvolle Fassade mit ihren goldgrün glasierten Ziegeln und den zwei Türmchen nun wieder in altem Glanz erstrahlt. Im Foyer mit seiner verspielten, detailverliebten Art-déco-Einrichtung fühlt man sich gänzlich zurückversetzt in die Kindertage des Kinos. Der 300 m² große Teppich, der 1984 von 60 Marokkanerinnen nach alter Vorlage gefertigt wurde, trägt das Wappentier Polens, einen kaminroten Adler. Von den fünf Kinosälen ist der *Grote Zaal* besonders prächtig ausgestattet. Und noch immer steht hier im Orchestergraben eines der Prunkstücke des Kinos, eine schon historische, in Tonawanda, USA, hergestellte Wurlitzer Orgel. Sie kam in der Stummfilm-Ära in den 20er-Jahren zum Einsatz.

## 46 Museum Willet-Holthuysen

*Komplett eingerichtetes Patrizierhaus aus dem 17. Jh.*

Herengracht 605
Tel. 020/523 18 22
www.willetholthuysen.nl
Mo–Fr 10–17, Sa/So 11–17 Uhr
Straßenbahn: 4, 9, 14

1895 vermachte *Sandrina L. G. Holthuysen*, die Tochter eines reichen Glas- und Kohlenhändlers, ihr repräsentatives Wohnhaus in der Herengracht, die Einrichtung sowie die Kunstsammlung ihres Mannes *Abraham Willet* der Stadt Amsterdam, die das Anwesen bereits ein Jahr später als Museum Willet-Holthuysen eröffnete. Es ist heute das einzige alte, noch vollständig möblierte Grachtenhaus, das öffentlich zugänglich ist.

Hinter der prächtigen Fassade des 1685–90 errichteten, im Laufe der Jahrhunderte jedoch mehrfach umgestalteten Gebäudes verbirgt sich ein großzügiges Doppelhaus. Im Untergeschoss wohnten die Bediensteten, hier waren aber auch Vorratskammern und die Küche untergebracht, deren traditionelle Einrichtung aus dem 18. Jh. stammt. Über den äußeren Treppenaufgang gelangt man in die Räume des Erdgeschosses, das Esszimmer und verschiedene Salons, besonders sehenswert ist das ›Blaue Zimmer‹ mit einem im 18. Jh. von *Jacob de Wit* geschaffenen Deckengemälde, das die römischen Götter Aurora, Flora und Pluvius darstellt. Die Privaträume der Familie sowie das Arbeitszimmer befanden sich im 1. Stock, wo heute auch die umfangreiche Sammlung Willets ausgestellt ist: Stiche, Zeichnungen, Gläser und wertvolles Silber. Auch der idyllische, im französischen Stil des 18. Jh. angelegte Garten steht den Besuchern offen – ein absoluter Luxus in dem an Baugrund so knappen Amsterdam, den sich nur wenige Bauherren leisten konnten.

## 47 Museum Van Loon

*Grachtenhaus mit stilvollem Interieur.*

Keizersgracht 672
Tel. 020/624 52 55
www.museumvanloon.nl
Mi–Mo 11–17 Uhr
Straßenbahn: 16, 24, 25

Ein weiteres prächtiges Patrizierhaus, das mit seinem stilvollen Interieur des 18. Jh. einen Eindruck von der Wohnkultur einer wohlhabenden Handelsfamilie jener Zeit vermittelt, kann in der nahen Keizersgracht besichtigt werden. Der Baumeister *Adriaen Dortsman* hatte das großzügige Gebäude 1672 für den flämischen Kaufmann Jeremias van Raey errichtet, der eine Haushälfte selbst bewohnte, während er die andere an den Rembrandt-Schüler Ferdinand Bol vermietete. Stolz hatte Van Raey den Giebel mit Statuen antiker Gottheiten schmücken lassen. Diese waren ihm offensichtlich jedoch nicht allzu wohlwollend gesonnen, denn bereits 1681 war er bankrott und musste seinen Besitz verkaufen. 1884 wurde das Gebäude von den Van Loons erworben, deren Vorfahren zu den Mitbegründern der legendären Handelsgesellschaft VOC gehörten.

Das Dachgeschoss wird noch heute von Mitgliedern der Familie Van Loon bewohnt und ist daher nicht zu besichtigen. Der öffentliche Rundgang führt durch die Räume des Erdgeschosses und der 1. Etage mit den Salons, Esszimmern und Privatgemächern. Prächtige Familienporträts und andere Gemälde, darunter das von *Jan Miense Molenaer* 1630 geschaffene ›Die vier Lebensalter oder die fünf Sinne‹, schmücken die Wände. Von der Tuinkamer, dem Gartenzimmer, blickt man in den im französischen Stil angelegten Garten. Im Esszimmer ist in einem Rokokoschrank wertvolles Amstelporzellan zu sehen. In der oberen Etage befinden sich Schlafgemächer und die Bibliothek, die man aufgrund ihrer mit Vogelmustern versehenen Stofftapete auch ›Vogelzimmer‹ nennt.

## 48 Foam

*Namhafte Adresse für Fotoausstellungen verschiedener Genres.*

Keizersgracht 609
Tel. 020/551 65 00
www.foam.nl
Sa–Mi 10–18, Do/Fr bis 21 Uhr
Straßenbahn: 16, 24, 25

Das Fotografiemuseum Amsterdam, kurz Foam, ist renommierter Ausstellungsort für Fotografien aller Epochen und Genres: von der Dokumentar- bis hin zur Modefotografie. Die Werke international bekannter Namen wie z. B. Richard Avedon, Malick Sidibé oder Domingo Milella sind

*Eine echte Rarität im Dreigrachtenviertel – der im französischen Stil gehaltene Garten im Museum Van Loon*

*Die Magere Brug gehört zu den beliebtesten Fotomotiven Amsterdams*

in großen Ausstellungen zu sehen, aber auch unbekannteren Fotokünstlern bietet Foam eine Plattform.

## 49 Magere Brug

***Die strahlend weiße Holzbrücke ist eines der Wahrzeichen Amsterdams.***

Metro 51, 53, 54
Straßenbahn: 4, 7, 10

Die Magere Brug, die die Kerkstraat mit der Nieuwe Kerkstraat über die Amstel hinweg verbindet, ist die bekannteste der zahllosen Amsterdamer Brücken und gehört, besonders nachts, wenn sie mit Hunderten von Glühbirnen illuminiert ist, zu den beliebtesten Fotomotiven der Amsterdam-Besucher. Eigentlich sollte die 1672 erbaute, noch immer von Hand betriebene Hebebrücke längst durch eine elektronisch betriebene ersetzt werden. 1929 hatte man die Originalbrücke aus dem 17. Jh. auch tatsächlich abgerissen, dann aber doch wieder rekonstruiert. Und der Name? Er rührt vermutlich daher, dass die erste an dieser Stelle über die Amstel geschlagene Brücke derart schmal war, dass zwei Fußgänger kaum aneinander vorbeikamen. Vielleicht geht die Bezeichnung aber auch auf einen Erbauer namens Mager zurück. Oder stammt sie doch von den gleichnamigen, beiderseits der Amstel wohnenden älteren Schwestern, die die Brücke erbauen ließen, weil sie es leid waren, lange Fußmärsche auf sich zu nehmen, wenn sie einander besuchen wollten?

## 50 Hermitage Amsterdam

***Die Schätze der St. Petersburger Eremitage zu Gast in der niederländischen Hauptstadt.***

Nieuwe Herengracht 14
Tel. 020/530 87 55
www.hermitage.nl
bei Ausstellungen tgl. 10–17 Uhr
Metro 51, 53, 54
Straßenbahn: 4, 7, 10

Seit Peter der Große im Jahr 1697 als Schiffsbauer auf einer Amsterdamer Werft arbeitete, bestanden enge Beziehungen zwischen dem Zarenreich und den Niederlanden. St. Petersburg, seine neue Hauptstadt, ließ Peter gar nach dem Vorbild Amsterdams errichten. Kein Wunder also, dass sich die Leitung der St. Petersburger Eremitage für die niederländische Hauptstadt als Standort der **Dependance** ihres weltberühmten Museums entschied. So kommt es, dass seit

2004 regelmäßig Kunstgegenstände von unschätzbarem Wert nach Amsterdam reisen, um dort von einem begeisterten Publikum bewundert zu werden.

Als Ausstellungsgebäude wählte man den **Amstelhof**, ein klassizistisches Gebäude von 1681. Während die Fassade des monumentalen, sich um einen ausgedehnten Innenhof gruppierenden Komplexes, der einst als Altersheim diente, erhalten bleibt, wurde das Innere völlig entkernt und zu einem modernen Museum umgebaut. Voraussichtlich ab Frühjahr 2009 soll die Hermitage Amsterdam endgültig fertiggestellt sein, bis dahin sind die hochkarätigen wechselnden Ausstellungen aus den Schatzkammern der russischen Zaren im sog. Neerlandia Gebäude zu bewundern, das an den Amstelhof angrenzt.

*Teils zum ersten Mal in Westeuropa: die Schätze der Eremitage in Amsterdam*

## Das Grachtengeflecht – ein ausgeklügeltes Entwässerungssystem

Das Leben in Amsterdam war seit jeher vom Wasser geprägt. **165 Grachten** mit einer Gesamtlänge von 75 km durchziehen die Stadt, die zum Großteil auf mühsam dem Meer abgerungenen Gelände steht. Die ersten Kanäle waren Teil der mittelalterlichen Befestigungsanlage und sicherten die Siedlung zur Landseite hin ab. Mit steigenden Bevölkerungszahlen in der ersten Hälfte des 17. Jh. wuchs Amsterdam jedoch über die alten Stadtgrenzen, die Kanäle Singel und Oude Schans, hinaus. So stand beim Bau des großen **Grachtengürtels** aus Heren-, Keizers- und Prinsengracht (1612–63) die Erschließung von neuem Bauland im Vordergrund.

Die Kanäle sind seitdem die **Lebensader** Amsterdams. Jahrhundertelang wurden sie als Transportwege zwischen Hafen, Lagerhäusern und den Märkten der Stadt genutzt. Sie dienten jedoch auch als Abwasserkanäle und trugen das Brauchwasser hinaus in die Zuiderzee. Besonders im Sommer hing daher häufig ein unerträglicher Gestank über den Grachten – erst 1988 wurden die letzten Häuser an die städtische Kanalisation angeschlossen. Bis Ende des 19. Jh. sorgten allein Ebbe und Flut der Zuiderzee für einen allerdings unzureichenden Wasseraustausch in den Kanälen. Heute besteht ein ausgeklügeltes System von Schleusen und Pumpen, die altes Wasser abfließen und frisches Wasser – jede Nacht 600 000 $m^3$ – aus dem IJsselmeer nachfließen lassen.

Vom Wasser geht bis heute aber auch die größte Gefahr für die Hauptstadt der Niederlande aus. Denn in erster Linie dienten und dienen die Grachten der Entwässerung. In einer Stadt, die unterhalb des Meeresspiegels liegt, ist es von besonderer Wichtigkeit, den **Wasserstand** in den Kanälen stets konstant zu halten. Schon ein leichter Anstieg kann zu Hochwasser und Überflutung der Häuser führen. Bedrohlicher für die Bausubstanz ist jedoch ein Sinken des Wasserspiegels. Denn die historischen Gebäude der größten Pfahlsiedlung der Welt ruhen auf Tausenden von Baumstämmen, die in den sumpfigen Untergrund getrieben wurden. Wenn also der Pegel in den Grachten nur um wenige Dezimeter sinkt, und die Baumstämme, auf denen die Häuser ruhen, trockenfallen, drohen die alten Stämme zu faulen, und für die historischen Bauten besteht Einsturzgefahr. So werden bei Restaurierungsarbeiten der alten Bausubstanz vielfach Baumstämme durch solche aus Beton ersetzt. Und bei Neubauprojekten gießt man gleich ein komplettes Betonfundament.

# Museumsviertel und Vondelpark – zu den großen Meisterwerken und dann ins Grüne

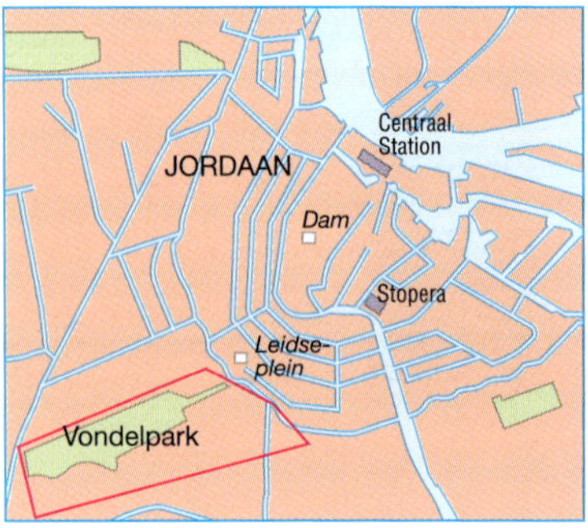


Amsterdam ist bekannt für seine vielfältige, teils etwas abseitige **Museumslandschaft**. Doch gibt es unter den zahlreichen wichtigen und weniger wichtigen Einrichtungen drei Museen, die zu den bedeutendsten Kunstsammlungen der Welt gehören: **Rijksmuseum**, **Van Gogh Museum** und **Stedelijk Museum**. Sie alle liegen dicht beieinander am *Museumplein* südlich der Altstadt und bieten zusammen eine geballte Ladung Kunst, deren intensive Erforschung eigentlich einen mehrtägigen Amsterdam-Aufenthalt erfordern würde. Doch im Januar 2004 schloss das Stedelijk Museum für die nächsten Jahre seine Pforten und zog zeitweise in ein Ausweichquartier am Hafen um, und auch das Rijksmuseum erfährt bis 2012/13 eine Runderneuerung. Doch zumindest die berühmtesten Werke des **Rijksmuseum**, allen voran jene des Malergenies *Rembrandt*, der allein mit seiner ›Nachtwache‹ Besucherscharen anlockt, sind auch weiterhin in einer **Meisterwerke-Schau** zu sehen. Auch *Frans Hals*, *Jan Vermeer van Delft* und all die anderen niederländischen Künstler des Goldenen Zeitalters geben sich dort die Ehre. Nur wenige Schritte sind es zum **Van Gogh Museum**. Hier kann das umfangreiche Werk der zweiten Lichtgestalt der niederländischen Malerei, *Vincent van Gogh*, studiert werden. Nach diesem Kulturmarathon sollte man sich etwas Erholung im **Vondelpark** gönnen. Und Kraft tanken für einen Konzertabend im **Concertgebouw**, das für seine exzellente Akustik weithin bekannt ist. Es schließt den Museumplein nach Südwesten ab.

## 51 Rijksmuseum

TOP TIPP

*Bis 2012/13 ist das Rijksmuseum wegen Renovierung geschlossen – und bleibt doch geöffnet: Die Meisterwerke-Schau zeigt das Beste vom Besten aus der Sammlung des berühmtesten Museums der Niederlande.*

Jan Luijkenstraat 1
wwww.rijksmuseum.nl
tgl. 9–18, Fr 9–20.30 Uhr
Straßenbahn: 1, 3, 5, 7, 10, 12, 24, 25

»Nie und nimmer werde ich dieses Kloster mit seinen burgundischen Dächern betreten«. Im Gegensatz zu *König Wilhelm III.*, der mit diesem Kommentar sein Missfallen angesichts des sakralen Charakters des Rijksmuseum unverblümt kundtat, zog es bis zur Schließung des Hauptgebäudes im Dezember 2003 alljährlich über 1 Mio. Kunstinteressierte in das bedeutendste Museum des Landes. Der absolute Besuchermagnet, Rembrandts ›Nachtwache‹, weitere berühmte Meisterwerke der niederländischen Malerei und darüber hinaus Grafiken, Skulpturen und Kunsthandwerk sind aber auch weiterhin im Philips-Flügel des Museums zu sehen, nachlassendes Besucherinteresse bis zur Wiedereröffnung des Hauptgebäudes 2012/13 ist also nicht zu befürchten.

Die Anfänge der Sammlung reichen zurück bis in die Regierungszeit des französischen *Königs Louis Napoleon*. Was Paris der Louvre war, das sollte Amsterdam das **Grand Musée Royal** werden. 1809 wurde das Museum in den Räumen des Königlichen Palastes am Dam eingerichtet, den Grundstock bildeten Werke aus

*Die Schatztruhe der niederländischen Kunst – das Rijksmuseum am Museumplein bewahrt über 5000 Gemälde niederländischer und europäischer Meister*

dem 1798 gegründeten Den Haager Nationalmuseum sowie Schenkungen der Stadt Amsterdam. Nach dem Ende der französischen Besatzung zog die inzwischen in **Rijksmuseum** umbenannte Galerie 1817 in das Trippenhuis [s. S. 47], das der stetig wachsenden Kollektion jedoch schon bald nicht mehr genügend Raum bot. Schließlich beauftragte König Wilhelm III. den katholischen Kirchenbaumeister *Petrus J. H. Cuypers* (1827–1921) mit der Errichtung eines neuen Museumskomplexes südlich der Altstadt, der 1885 nach achtjähriger Bauzeit eingeweiht wurde.

Für das repräsentative Gebäude aus rötlichem Backstein wählte der Architekt den Stil der Neugotik und bereicherte diesen durch Renaissanceelemente. Die **Hauptfassade** an der *Stadhouderskade* öffnet sich Richtung Altstadt und wird durch Eckrisalite und einen erhöhten Mitteltrakt akzentuiert. Die hohen Maßwerkfenster, die beiden Türme und der oberhalb des viertorigen Haupteingangs bis über das Dach gezogene Dreiecksgiebel wecken Erinnerungen an Kirchenarchitektur. Und so war der nach Ansicht seiner Gegner wahrhaft ›katholische‹ Bau bei seiner Fertigstellung nicht nur bei König Wilhelm III. heftig umstritten. Der Eingangsbereich des Komplexes ist reich mit Figurenschmuck verziert. Das große Relief über den Torbögen, geschaffen von *François Vermeylen*, glorifiziert die niederländische Kunst. In der Mitte thront die Maagd van Holland, links daneben Minerva, die Göttin der Weisheit, rechts Justitia. Die nackten Frauen zu ihren Füßen verkörpern ›Schönheit‹ und ›Wahrheit‹. Ein gutes Dutzend Künstler, darunter Lucas van Leyden, Jan Steen und natürlich Rembrandt, wird ihnen zur Seite gestellt. Die beiden kleineren Reliefs links und rechts stellen Zeichenkunst, Malerei, Architektur und Bildhauerei als die vier großen Kunstgattungen dar. Beiderseits des großen, zentralen Fensters verkörpern zwei weibliche Figuren ›Kunst‹ und ›Geschichte‹. In den Reliefs über den kleinen Fenstern werden zwei wichtige Museumsdaten festgehalten: der 12. Juli 1876, Architekt Cuypers übergibt die Baupläne an die Maagd van Holland, und der 13. Juli 1885, die Maagd van Holland erhält die Schlüssel des fertigen Museums.

Zur Jahrtausendwende schließlich platzte das Museum aus allen Nähten. Zudem hatten zahlreiche Um- und Er-

## Die Nachtwache

Absperrkordel und Bannstreifen sowie ein aufmerksamer Wächter halten die Menschentrauben auf Distanz. Schließlich ist **Rembrandts Nachtwache** eines der wertvollsten Kunstwerke der Welt und hat im Laufe der Jahrhunderte schon einiges erlitten. Die ersten Kratzer stammen von den Lanzenspitzen unachtsamer Schützen der Kloveniers-Gilde, die die Arbeit 1640 in Auftrag gegeben hatte und in deren Zunfthaus sie 75 Jahre lang hing. 1715 sollte das Gemälde im Rathaus am Dam aufgehängt werden. Doch leider war der für das Schützenstück vorgesehene Platz – eingezwängt zwischen zwei Türen – zu klein. So wurde das Werk auf beiden Seiten gestutzt, rechts um 30 cm, links gar um einen ganzen Meter – hier fielen zwei Personen dem Beschnitt zum Opfer. 1885 zog die Nachtwache in den Ehrensaal des neu erbauten **Rijksmuseum**. Die Jahre des Zweiten Weltkriegs hat das Gemälde – aus dem Rahmen geholt und zusammengerollt – gut überstanden, zunächst in den Dünen bei Heemskerk, dann in den bombensicheren Mergelgrotten von Maastricht versteckt. 1975 jedoch fügte ein geistesgestörter Lehrer dem Meisterwerk Rembrandts mit einem Messer schwere Schäden zu. Ein Museumswärter griff beherzt ein und konnte Schlimmeres verhindern. Ein anderer Attentäter hat 1989 Säure auf das Gemälde geschüttet, sodass es anschließend sorgfältig restauriert werden musste. Bei dieser Gelegenheit befreite man die Bildoberfläche auch vom alten Firnis, der das Werk im Laufe der Jahrhunderte stark nachdunkeln ließ und ihm im 19. Jh. den heute geläufigen Namen ›Nachtwache‹ eingebracht hat. Tatsächlich findet das Zusammentreffen der Schützen aber tagsüber statt, das Gemälde hieß ursprünglich ›Der Schützenaufmarsch der Kompanie des Hauptmanns Frans Banning Cocq und seines Leutnants Willem van Ruytenburch‹. Sein bis dato letztes Abenteuer erlebte das Gemälde Ende 2003, als es wegen der **Renovierung** des Rijksmuseums vom Ehrensaal in den Philips-Flügel des Rijksmuseums transportiert wurde.

Ende 1640 hatte Rembrandt den Auftrag für ein Gruppenporträt der **Amsterdamer Kloveniers-Gilde**, also der Vereinigung der Büchsenschützen, erhalten und bis Anfang 1642 ein monumentales, nach dem Beschnitt immerhin noch 4,37 × 3,63 m großes Gemälde geschaffen. Eine Gruppe von rund 20 Schützen ist in genau jenem Augenblick dargestellt, in dem **Hauptmann Cocq** den Marschbefehl erteilt. Die Beteiligten, allesamt in überaus prächtigen Kostümen dargestellt, agieren auf mehreren Bildebenen. Cocq und sein Leutnant Van Ruytenburch scheinen im Vordergrund auf den Betrachter zuzuschreiten. Die Schützen im Mittelgrund sind ebenfalls alle in Bewegung, reinigen ihre Gewehre oder stellen sich für den Abmarsch auf. Weitere Schützen stehen im Hintergrund, sie werden jedoch nur angedeutet. Mit der Darstellung eines (wenn auch fiktiven) Ereignisses – 1640, nur wenige Jahre vor dem Westfälischen Frieden, der den Niederlanden die Unabhängigkeit bringen sollte, bestand ei-

gänzungsbauten für Neuanschaffungen und die Verwaltung das Innere des Gebäudes stark verändert. Auch die Ansprüche der Besucher an ein Museum sind heute natürlich andere als im 19. Jh. Zudem besuchten das Rijksmuseum mittlerweile zehnmal so viele Menschen wie eigentlich geplant. Der 277 Mio. € teure Umbau soll das Rijksmuseum also auf den neuesten Stand der Technik bringen, die Kunstwerke ansprechend und modern präsentieren und das Hauptgebäude wieder so gestalten, dass es den ursprünglichen Plänen des Architekten Cuypers entspricht.

Die spanischen Architekten Cruz und Ortiz werden ein ›Untergeschoss‹ in das Rijksmuseum einfügen, das den gesamten Servicebereich aufnehmen wird. Für die Asiatische Kunst soll ein Asiatischer Pavillon errichtet werden, der durch einen Tunnel mit dem Hauptgebäude verbunden sein wird. Auch das Kupferstichkabinett wird ein eigenes Gebäude erhalten, in dem auch eine Bibliothek und ein Studienzentrum untergebracht sein werden.

### ›Meisterwerke‹

Der für das größte Museum der Niederlande zusammengetragene Kunstschatz

*Die Fahne hochhalten – mit der ›Nachtwache‹ schuf Rembrandt das bedeutendste Meisterwerk unter den niederländischen Schützenstücken des 17. Jh.*

gentlich keine Veranlassung für die Kloveniers-Gilde zur Verteidigung ihrer Heimatstadt auszurücken – revolutionierte Rembrandt hier die malerische Tradition der **Schützenstücke**. Die meisten älteren Kompositionen bestanden aus mehr oder weniger monotonen Aneinanderreihungen von Einzelporträts in steifen Posen [s. S. 34]. Unüblich war es auch, weitere Figuren in die rein repräsentative Darstellung zu integrieren. Doch Rembrandt betonte das erzählerische Element zusätzlich, z. B. durch die Figur der hell erleuchteten jungen Frau auf der linken Bildseite. Sie wird gelegentlich als Rembrandts Gemahlin Saskia identifiziert, die im Jahr der Fertigstellung der Nachtwache 1642 verstorben war.

Immer wieder ist behauptet worden, einige der Porträtierten wären mit ihrer Darstellung unzufrieden gewesen. Doch gibt es dafür keine Belege. Insgesamt **18 Schützen** beteiligten sich an den Gemäldekosten von 1600 Floris. Es liegt auf der Hand, dass diejenigen Schützen, die am meisten zur Finanzierung beigetragen hatten, prominent im Vordergrund dargestellt wurden, die mit kleineren Beträgen fanden sich entsprechend im Mittelgrund wieder.

ist gigantisch: 5000 Gemälde niederländischer und europäischer Meister, nahezu 800 000 Drucke und Zeichnungen, 45 000 Skulpturen und kunsthandwerkliche Gegenstände sowie 17 000 Exponate aus dem Bereich Geschichte. Da versteht es sich von selbst, dass während der Renovierungsphase nur ein kleiner Teil dieses Bestandes ausgestellt werden kann. Man entschied sich für eine ›**Meisterwerke**‹ genannte Schau, die sich auf das ›Goldene Zeitalter‹ der Niederlande konzentriert. Teile der übrigen Sammlung werden bis 2009 durch die USA, Japan und Europa reisen. Auch am Flughafen Schiphol sind einige exzellente Kunstwerke ausgestellt.

Die im Philips-Flügel des Rijksmuseum untergebrachte Sammlung wird ihrem Namen gerecht: Hier werden tatsächlich die besten Werke aus der wertvollen Sammlung **niederländischer Malerei des 17. Jh.** gezeigt.

Im Erdgeschoss erwartet den Besucher aber zunächst ein Überblick über niederländische Geschichte und Kunsthandwerk im 17. Jh. Die Republik und der Aufstieg der Niederlande zur Weltmacht, der in zähem Ringen mit Portugiesen und Spaniern gelang, werden anhand von Kunstwerken in den Räumen 1 und 2 dargestellt. Händler der VOC, der Kapitän der Batavia und ein Statthalter in der holländischen Kolonie an der Küste von Guinea geben sich auf den Gemälden ein Stelldichein.

Sehenswert sind auch die liebevoll und detailgetreu ausgestatteten holländischen Puppenhäuser aus dem 17. Jh. in Raum 3, die keineswegs Kindern, sondern meist Frauen der besseren Gesellschaft gehörten. Die reiche Amsterdamer Dame Petronella Oortmann etwa, deren Puppenhaus zu sehen ist, ließ sich Miniaturporzellan in China anfertigen und gab für das Häuschen insgesamt zwischen 20 000 und 30 000 Gulden aus. Das entsprach im 17. Jh. dem Preis eines echten Grachtenhauses in Amsterdam.

Der enorme **Reichtum** der Niederlande zur damaligen Zeit wird beim Anblick der Schatzkammer in Raum 4 deutlich. Besonnders aus Silber schufen die Künstler unvergleichliche Teller, Kelche und Statuetten wie den ›Mercurius‹ von Hendrick de Keyser. Auch die exquisite Sammlung Delfter Fayencen im folgenden Raum sucht ihresgleichen. Teller, Krüge, Kacheln waren vielfach mit Porträts, Genreszenen oder Landschaften bemalt, das Design orientierte sich seit Beginn des 17. Jh. aber auch an chinesischem Porzellan und war teilweise kaum noch von diesem zu unterscheiden. Eines der Prachtstücke der Sammlung ist die über 1 m hohe ›Blumenpyramide‹, die aus mehreren übereinander stehenden, nach oben hin kleiner werdenden Vasen besteht.

*Liebe zum Detail – Vermeers Interieurs, hier die ›Küchenmagd‹, beeindrucken durch ihren detailfreudigen Realismus*

Für das Kunstschaffen in den nördlichen Provinzen bedeutete die Epoche der Reformation und der Unabhängigkeit von den weiterhin unter spanischer Herrschaft stehenden südlichen Provinzen einen tief greifenden Wandel. Im Bereich der Künste werden nun kirchliche und fürstliche Auftraggeber vom aufstrebenden Bürgertum abgelöst. Die Porträtmalerei, hier besonders das Gruppenporträt, und auch die Genremalerei erfreuten sich folglich größter Beliebtheit, während christliche Sujets fast nur noch im privaten Andachtsbild zur Darstellung kamen.

Der wohl bekannteste niederländische Maler dieser Zeit, *Rembrandt Harmensz. van Rijn* (1606–1669), ist natürlich mit seinen bedeutendsten Werken vertreten. Die monumentale ›Nachtwache‹ (1642) in Raum 12, eine figurenreiche Darstellung der Amsterdamer Büchsenschützengilde ist das stets von Besucherscharen umringte Herzstück der Sammlung. Aus der Spätzeit Rembrandts stammen das ›Selbstbildnis als Apostel Paulus‹ (1661), ein großartiges Porträt des gealterten Meisters, die ›Judenbraut‹ (um 1665), ein Doppelporträt, das vermutlich den jüdischen Dichter *Don Miguel de Barrios* mit seiner Gattin darstellt, und die ›Staalmeesters‹ (1662), das letzte von Rembrandts Gruppenporträts, das die Vorsteher der Tuchfärberzunft zeigt. Die Arbeiten Rembrandts werden in Raum 8 von Arbeiten seiner Schüler wie Govert Flinck, Ferdinand Bol und Nicolaes Maes begleitet

Ein weiterer Großer dieser Epoche ist der Porträtmaler *Frans Hals* (um 1581/85–1666). Im selben Raum wie Rembrandts ›Nachtwache‹ befindet sich sein Schützenstück ›Die Kompanie des Hauptmanns Reynier Reael und seines Leutnants Cornelis M. Blaeuw‹ (1637). Es löst durch die diagonale Anordnung der Figuren die starren Kompositionsschemata älterer Gruppenporträts auf. Weitere Werke sind in Raum 7 zu sehen. Lebensfreude pur strahlt etwa sein ein Weinglas in der Hand haltender ›Fröhlicher Trinker‹ (1628/30) aus, ein genrehaftes Halbfigurenbild.

Die Arbeiten *Jan Vermeer van Delfts* (1632–1675) in Raum 10, überwiegend stille bürgerliche Interieurs, beeindrucken durch ihren brillanten, detailfreudigen

Realismus, so die Darstellung der ›Briefleserin‹ (1662/63) mit der exakt wiedergegebenen Landkarte im Hintergrund und dem Gemälde ›Küchenmagd‹ (um 1658) mit den auf dem Tisch abgestellten Körben und Krügen. Vermeers Œuvre umfasst übrigens nur etwa 30 Bilder, ganz im Gegensatz zu Jan Steen (1626–1679), der etwa 800 Gemälde hinterlassen hat. Er thematisiert das gesellige Leben mit Liebes- und Trinkszenen oder Volksfesten. In der ›Meisterwerke‹-Schau können Arbeiten wie ›Die fröhliche Familie‹ (um 1670) oder ›Die kranke Frau‹ (1665) bewundert werden. Auf diesem Bild wird eine auf einem Stuhl sitzende, den Kopf auf ein Kissen legende Frau dargestellt, der ein Mann den Puls misst. Aber ist sie wirklich krank? Wohl nicht, ihre Wangen sind gerötet, wie ihre Lippen. Kunsthistoriker gehen davon aus, dass Steen hier eine an Liebeskummer Leidende darstellen wollte!

## 52 Coster Diamonds

*Vom Rohdiamanten zum funkelnden Schmuckstück.*

Paulus Potterstraat 2–6
Tel. 020/305 55 55
www.costerdiamonds.com
tgl. 9–17 Uhr
Straßenbahn: 2, 3, 5, 12

Seit Ende des 16. Jh., als Diamantschleifer und -händler, unter ihnen zahlreiche Juden, aus dem spanisch besetzten Antwerpen nach Amsterdam flüchteten, ist die niederländische Hauptstadt ein Zentrum der **Diamantverarbeitung**. Mit der Entdeckung großer Vorkommen in Brasilien 1730 und Südafrika 1867 erlebte die Industrie jeweils einen gewaltigen Aufschwung. Während des Zweiten Weltkriegs, als Tausende Amsterdamer Juden, unter ihnen zahlreiche Diamantschleifer

*Unter die Lupe nehmen – das Handwerk der Diamantschleiferei erfordert einen scharfen Blick*

### Cullinan – der größte Diamant der Welt

Schwer bewaffnete Sicherheitskräfte begleiteten 1907 eine von der Regierung des Burenstaates Transvaal an den englischen König Edward II. verschickte Kiste. Sie war leer, die Aktion ein Ablenkungsmanöver vom eigentlichen Transport des bisher **größten gefundenen Diamanten**, des 3106-karätigen Cullinan. Unbemerkt traf dieser zeitgleich im Londoner Königshaus ein, als Geschenk für den Monarchen zu dessen 66. Geburtstag. Edward II. beauftragte die Gebrüder Asscher, Inhaber einer der renommiertesten **Amsterdamer Diamantschleifereien**, mit dem Schliff des Rohdiamanten. Mit einem Schiff der Königlichen Marine wurde die versiegelte Kiste transportiert, und auch diesmal war sie leer. Der wertvolle Edelstein steckte diesmal in der Manteltasche von Abraham Asscher, der mit Bahn und Fähre nach Amsterdam reiste.

Zunächst musste der Diamant gespalten werden, um verunreinigende Einschlüsse zu beseitigen. Die Brüder studierten den Stein lange, bevor **Joseph Asscher** am 10. Februar 1908 wagte, die Spaltklinge anzusetzen und zum Schlag auszuholen. Die Klinge brach, und der Cullinan zerfiel erst nach zwei weiteren Hieben in die gewünschten Teile. Das war selbst für den geübten Diamantschleifer zu viel. Er erlitt einen Nervenzusammenbruch, von dem er sich erst nach Monaten erholte. Durch weiteres Spalten entstanden neun Hauptsteine und 96 kleinere Stücke. Der Cullinan I, auch **Great Star of Africa** genannt, hat 530,20 Karat, und ist der größte geschliffene Diamant der Welt. Er schmückt das Zepter des britischen Königshauses, während der 317,40-karätige Cullinan II, auch **Star of Africa**, der zweitgrößte geschliffene Diamant, die Imperial State Crown ziert. Sie war für die Krönung Königin Victorias angefertigt worden und wird heute noch von Elizabeth II., zusammen mit dem Zepter, zu wichtigen Staatsfeierlichkeiten getragen.

*Sitz von Coster Diamonds, der alt eingesessenen Diamantschleiferei*

und -händler, in Konzentrationslager deportiert wurden, kam der Niedergang. Heute gibt es an der Amstel nur noch etwa zehn Diamantschleifereien. Eine von ihnen, das renommierte, seit 1840 bestehende Coster Diamonds, ist in vier denkmalgeschützten Häusern zwischen Rijksmuseum und Van Gogh Museum beheimatet. Der berühmteste Diamant, der je hier bearbeitet wurde, ist der legendäre *Koh-i-noor* (›Berg des Lichts‹), den man 1304 in Indien gefunden hatte und der sich seit der Eroberung des Pandschab 1849 im Besitz der englischen Krone befindet. Queen Victoria ließ den Stein 1851 bei Coster neu schleifen, sein Gewicht wurde dabei von 186 auf 108,93 Karat reduziert. Inzwischen schmückt der Diamant die 1937 für die 2003 verstorbene Königinmutter angefertigte *Queen Elizabeth Crown*. Wer mehr über die aufwendige Bearbeitung der edelsten und kostbarsten aller Steine erfahren möchte, kann an einer kostenlosen Führung, auch in deutscher Sprache, teilnehmen.

## 53 Van Gogh Museum

TOP TIPP

***200 Gemälde und 500 Zeichnungen illustrieren Van Goghs eindrucksvolle künstlerische Entwicklung.***

Paulus Potterstraat 7
Tel. 020/570 52 00
www.vangoghmuseum.nl
Sa–Do 10–18, Fr 10–22 Uhr
Straßenbahn: 2, 3, 5, 12

Die ursprünglich im Stedelijk Museum untergebrachte Sammlung, eine Stiftung Theo van Goghs, des Künstlers Bruder, an die Stadt, erhielt 1973 ein eigenes, nach Plänen des bereits 1964 verstorbenen De-Stijl-Architekten *Gerrit Rietveld* geschaffenes Museumsgebäude.

In dem riesigen Klotz aus Granit und Glas werden über 200 Gemälde sowie 500 Zeichnungen und Aquarelle des niederländischen Malers *Vincent van Gogh* (1853–1890) aufbewahrt, dazu der umfangreiche Briefwechsel mit seinem Bruder Theo und die japanischen Holzschnitte, die der Künstler gesammelt hat. Im Jahr 1999 erhielt das Museum einen postmodernen Erweiterungsbau nach Plänen des japanischen Architekten *Kisho Kurahawa* – Zyniker sprechen angesichts des halbrunden Baukörpers mit seinem geschwungenen, deckelförmigen Dach von einer eingedrückten Dose. Der umstrittene neue Flügel präsentiert auf drei Etagen ausschließlich Wechselausstellungen.

Im Erdgeschoss des ›Altbaus‹ werden Arbeiten einiger Zeitgenossen Van Goghs präsentiert, die den Autodidakten, der nur kurzzeitig in Antwerpen Kunst studiert hatte, stark beeinflusst haben, darunter Henri de Toulouse-Lautrec, Emile Bernard, Adolphe Monticelli, Camille Pissaro, Claude Monet und Paul Gauguin.

Die Gemälde Van Goghs sind im 1. Obergeschoss ausgestellt, die Zeichnungen in der 2. Etage. Chronologisch geordnet, vermitteln die Arbeiten, die in einer relativ kurzen Zeitspanne zwischen

1880 und 1890 entstanden sind, einen guten Eindruck von seiner künstlerischen Entwicklung. Van Goghs **Frühphase** dauerte bis 1887, im Mittelpunkt seines Schaffens stand damals das Leben der bäuerlichen Bevölkerung. Es entstanden Gemälde, die, an altniederländische Traditionen anknüpfend, in dunklen, erdigen Farbtönen gehalten sind. Ein Meisterwerk dieser Periode sind die 1885 geschaffenen ›Kartoffelesser‹. Ein Jahr später siedelte der Maler nach **Paris** über, wo auch sein Bruder Theo wohnte, der ihn zeitlebens finanziell unterstützte. Durch die Auseinandersetzung mit den französischen Impressionisten hellte sich die Farbpalette Van Goghs zunehmend auf. Er arbeitete viel im Freien, es entstanden Landschaften und Stadtansichten von Paris. Arbeiten dieser Zeit sind der ›Boulevard von Clichy‹ (1887) und die ›Windmühlen am Montmartre‹ (1887). Daneben schuf er eine Reihe von Selbstporträts, z. B. das ›Selbstbildnis als Künstler‹ (1888).

Im Frühjahr 1888 zog es den Maler in den Süden, er ließ sich in dem kleinen Städtchen **Arles** in der Provence nieder. Der Umzug läutete seine wichtigste Schaffensphase ein, in der Folge entstanden seine berühmtesten Gemälde, sonnendurchflutete Landschaften, leuchtende Interieurs und faszinierende Stillleben. Er benutzte kräftige Farben und trug diese mit breitem Pinselstrich auf die Leinwand auf. Schlüsselwerke dieser Zeit

*Der weiträumige Neubau des Van Gogh Museum wird ausschließlich für Wechselausstellungen genutzt*

sind ›Das gelbe Haus‹ (1888), in dem er das Jahr in Arles verbracht hat, und ›Die Brücke von Langlois‹ (1888). Mit Paul Gau-

*Der Altbau des Van Gogh Museums (rechts) wirkt fast wie ein Klotz am Bein des 1999 eröffneten modernen, halbrunden Anbaus*

*Grandioses Klangerlebnis – der Grote Zaal des Concertgebouw erfreut sich großer Wertschätzung unter Musikfreunden*

guin, den er in Paris kennengelernt hatte und der ihn in Arles besuchte, wollte er eine Künstlerkolonie gründen, doch kam es schon nach zwei Monaten zum Streit zwischen den beiden Malern. In einem Anfall geistiger Verwirrung schnitt sich Van Gogh im Dezember 1888 sein linkes Ohr ab. Da sich sein gesundheitlicher Zustand von da ab zunehmend verschlechterte, begab er sich im Mai 1889 in die Nervenheilanstalt von **St. Rémy**. Trotz der Krankheit blieb seine Schaffenskraft ungebrochen, in den Monaten seines Sanatoriumaufenthaltes schuf er über 100 Gemälde. Ein Werk dieser Phase ist ›Weizenfeld mit Mäher‹. Im Mai 1890 zog er schließlich in die kleine, nordwestlich von Paris gelegene Ortschaft **Auvers-sur-Oise**, wo er von Dr. Paul Gachet betreut wurde. Nur wenige Monate später, am 27. Juli 1890, schoss er sich mit einem Revolver in die Brust und starb zwei Tage später in den Armen seines herbeigeeilten Bruders. Auch aus den letzten Wochen vor seinem Tod besitzt das Van Gogh Museum eindrucksvolle Gemälde, so ›Ansicht von Auvers‹ (1890) und ›Weizenfeld mit Krähen‹ (1890), eine seiner letzten Arbeiten überhaupt.

## 54 Stedelijk Museum

TOP TIPP

***Amsterdams Museum für moderne Kunst kann sein angestammtes Gebäude erst Ende 2009 neu beziehen.***

Paulus Potterstraat 13
www.stedelijk.nl
Straßenbahn: 2, 3, 5, 12, 16

Das dritte der drei großen am Museumplein versammelten Amsterdamer ›Kunsttempel‹ ist das Stedelijk Museum mit seiner herausragenden Kollektion moderner Kunst von Mitte des 19. Jh. bis zur Gegenwart. Architekt *A. W. Weissman* schuf hier 1892–95 einen verspielten Neorenaissance-Bau mit Giebeln, Turmaufsätzen und reichlich Figurenschmuck. Den Grundstock des Museums bildet die Sammlung des Kunsthändlers *Pieter Lopes Suasso*, dessen Witwe das Vermächtnis ihres Mannes 1890 der Stadt Amsterdam überlassen hatte. Da das Gebäude schon bald zu klein war, wurde 1954 ein schmuckloser Glasanbau geschaffen. Wie beim Rijksmuseum wurde der Raum knapp, und Anfang 2004 wurde mit der Renovierung und dem Anbau neuer Ausstellungsräume begonnen. Für die Dauer des Umbaus bezog das Stedelijk zunächst ein Ausweichquartier an der Oosterdokskade, das jedoch am 1. Oktober 2008 seine Pforten wieder schloss. Bis zur Eröffnung am alten Standort werden kleinere Ausstellungen mit Werken des Stedelijk an unterschiedlichen Orten in der Stadt veranstaltet (Infos s. Homepage).

Heute umfasst das Stedelijk Museum, das zu den bedeutendsten seiner Art in Europa zählt, über 25 000 Kunstwerke aus Malerei, Bildhauerei, Fotografie und Video. Es besitzt eine schöne Sammlung mit Werken französischer Impressionisten wie Monet, Renoir und Cézanne (›La Montagne Sainte-Victoire‹, um 1888). Die klassische Moderne ist vertreten durch Arbeiten von Kirchner (›Nacktes Mädchen hinter einem Vorhang‹, 1910), Kandinsky (›Improvisation‹, 1913), Marc (›Blaue Fohlen‹, 1912), Chagall (›Selbstporträt mit sieben Fingern‹, 1912/13) und vielen mehr. Einzigartig ist die Kollektion von über 50 Bildern des russischen Malers *Kasimir Malewitsch* (1878–1935), der vom Kubismus ausgehend über den Futurismus zum Konstruktivismus gelangte.

Ein weiterer Schwerpunkt liegt auf Arbeiten der niederländischen Künstlervereinigung **De Stijl**, die sich 1917 in Leiden zusammengeschlossen hatte. Ihre führenden Vertreter waren die Maler *Theo van Doesburg* (1883–1931) und *Piet Mondrian* (1872–1944). In ihren abstrakten Gemälden variierten sie unter Verwendung der drei Primärfarben Rot, Gelb und Blau sowie Schwarz und Weiß die geometrischen Formen Quadrat und Rechteck sowie gerade Linien, die sich über die Grenzen der Leinwand hinweg ins Endlose fortzusetzen scheinen. Mondrian ist im Stedelijk Museum u. a. mit ›Komposition mit Rot, Gelb und Blau‹ (1920) vertreten, Van Doesburg mit ›Contre-Composition V‹ (1924). Auch in anderen Kunstgattungen versuchte De Stijl sein Programm umzusetzen. So präsentiert das Museum den bekannten ›Rot-Blauen Stuhl‹ (1918–23) des Architekten *Gerrit Rietveld* (1888–1964).

**Oben:** *Max Beckmanns ›Selbstporträt mit Quappi‹*
**Unten:** *Bruce Naumanns ›Sieben Gestalten‹*

Alles andere als abstrakt sind die Werke einer weiteren Künstlergruppe, **CoBrA**, die sich 1948 zusammengeschlossen und nach den Anfangsbuchstaben der Hauptstädte ihrer Herkunftsländer benannt hatte: Copenhagen, Bruxelles,

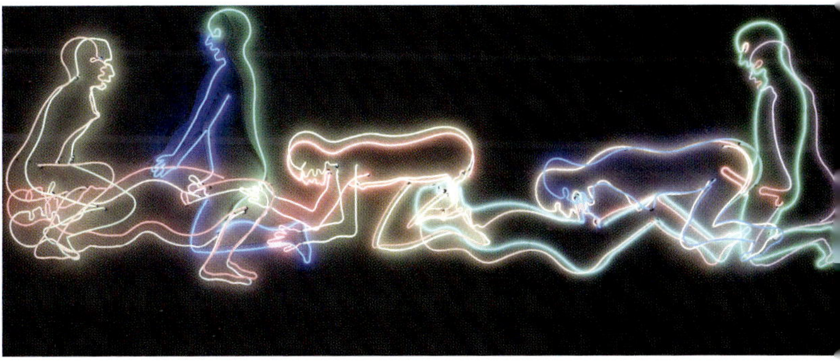

›Singende Frau‹, ein Werk des in Rotterdam geborenen Willem de Kooning

Amsterdam. Ihre wichtigsten Vertreter, der Däne *Asger Jorn*, der Belgier *Willem Corneille* (›Die große Erde‹, 1958) und der Niederländer *Karel Appel* (›Menschen und Tiere‹, 1949; ›Paar‹, 1951) sind hier mit bedeutenden Arbeiten vertreten. Sie knüpften an die Traditionen des Expressionismus an und schöpften in ihrer Ausdrucks- und Farbgestaltung aus der Malerei von Kindern, den Kunstobjekten früher indianischer und afrikanischer Kulturen sowie der malerischen Ausdrucksweise geistig Erkrankter.

Traurige Berühmtheit erlangte *Barnett Newmans* (1905–1970) abstraktes Gemälde ›Who's afraid of Red, Yellow & Blue III‹ (1967/68), einer großen roten Fläche mit einem schmalen blauen Streifen am linken Bildrand und einem noch schmaleren gelben Streifen rechts. 1986 wurde das Werk von einem Besucher mit einem Messer zerfetzt. Rund 800 000 Gulden (363 000 €) kostete die anschließende Restaurierung durch den New Yorker Restaurator Daniel Goldreyer. Angeblich arbeitete dieser zwei Jahre daran, das Kunstwerk Pigment für Pigment in seinen ursprünglichen Zustand zu versetzen. Doch bald erhärtete sich ein ungeheuerlicher Verdacht: Experten wiesen per Infrarot- und Röntgenanalyse nach, dass Goldreyer das Werk schlicht mit einem Farbroller bearbeitet hatte.

## 55 Concertgebouw

***Ein erstklassiges Orchester und eine hervorragende Akustik machen jedes Konzert zum besonderen Hörerlebnis.***

Concertgebouwplein 2–6
Tel. 020/671 83 45
www.concertgebouw.nl
Straßenbahn: 3, 5, 12, 16

Respektlos nennen die Amsterdamer das nicht gerade riesige Concertgebouw am südwestlichen Ende des Museumplein ›Schuhschachtel‹, sind aber zugleich stolz auf die weithin geschätzte Akustik des Konzertsaals, in dem das renommierte Orchester *Koninklijk Concertgebouworkest* das Herz eines jeden Musikfreundes höher schlagen lässt.

1888, nach sechsjähriger Bauzeit, wurde das vom Architekten *Adolf Leonhard van Gendt* im Stil des Neoklassizismus geschaffene Musikgebäude feierlich eröffnet. Die prächtige Fassade wird durch leicht vorspringende Eckrisalite und einen sechssäuligen, von einem Dreiecksgiebel gekrönten Mittelrisalit geprägt. Im berühmten *Grote Zaal*, der 2250 Zuhörern Platz bietet, gaben und geben sich hochkarätige Dirigenten, Orchester und Solisten die Ehre: Richard Strauss, Gustav Mahler, Igor Strawinsky, Maurice Ravel, Claude Debussy, Béla Bartók und viele andere mehr. Man war und ist sich aber auch nicht zu fein, auch berühmte Klangmeister anderer Sparten hier musizieren zu lassen, darunter Louis Armstrong und Duke Ellington, Ella Fitzgerald, Lou Reed, Pink Floyd und The Who. Daneben gibt es den *Kleine Zaal* für 600 Zuschauer. Wer sich von der brillanten Akustik des Großen Saals überzeugen möchte, kann auch ein Mittagskonzert besuchen (Sept.–Juni Mi 12.30–13 Uhr).

## 56 Nederlands Filmmuseum

***In einem ehemaligen Restaurant am Vondelpark werden heute Filmdelikatessen serviert.***

Vondelpark 3
Kartentelefon: 020/589 14 00
www.filmmuseum.nl
wechselnde Öffnungszeiten bei Ausstellungen
Straßenbahn: 1, 3, 12

Das niederländische Filmmuseum ist die richtige Adresse für jeden Filmliebhaber:

In der Bibliothek des Museums findet er Bücher rund um Film und Fernsehen, und im Archiv werden unzählige Filme aufbewahrt, die sich der Besucher vor Ort ansehen kann. Untergebracht ist das Museum mit angeschlossenem *Café Vertigo* in einem großen, weißen Pavillon, der 1880 am Rand des Vondelpark erbaut wurde und lange Zeit ein Restaurant beherbergt hat. Heute werden hier in drei Kinosälen – besonders schön das *Cinema Parisien* mit Originaleinrichtung von 1910 – alte Klassiker gezeigt, aber auch Raritäten, die man in normalen Programmkinos kaum zu sehen bekommt, sowie Filmreihen zu bedeutenden Schauspielern oder Regisseuren. Gut besucht sind die in den Sommermonaten an Samstagabenden veranstalteten Open Air Vorführungen von Klassikern und der sonntägliche Markt für Filmplakate und -literatur vor dem Museum. Für 2010 ist der Umzug des Filmmuseums in ein neues Gebäude am nördlichen IJ-Ufer geplant.

*Das Nederlands Filmmuseum präsentiert die Geschichte des Films und zeigt alte Klassiker*

## 57 Vondelpark

*Erholung im größten und schönsten Amsterdamer Stadtpark.*

Südwestlich des Rijksmuseum
Straßenbahn: 1, 2, 3, 12

Spaziergänger, Jogger, Radfahrer, Sonnenhungrige – im Vondelpark, der grünen Lunge Amsterdams, trifft man sie alle. Die mit 48 ha größte Grünanlage der Innenstadt bietet jede Menge Abwechslung. Auf der Freilichtbühne werden im Sommer Klassik-, Jazz- und Rockkonzerte veranstaltet, auf den Terrassen des *Blauwe Theehuis* (Tel. 020/662 02 54), des Blauen Teehauses aus den 1930er-Jahren, oder im *Café Groot Melkhuis* (Tel. 020/612 96 74), bei dem es auch einen großen Kinderspielplatz gibt, kann man Snacks und Erfrischungen zu sich nehmen.

Bis Mitte des 19. Jh. war das Gelände südwestlich der Altstadt noch Sumpf, 1865 aber beauftragten wohlhabende Bürger den Architekten *J. D. Zocher* mit der Schaffung einer Parkanlage. Das im Stil englischer Landschaftsgärten mit Grünflächen, Teichen und einem reichen

*Ins Grüne – der südlich der Altstadt gelegene Vondelpark ist Amsterdams beliebtestes Naherholungsgebiet*

Baumbestand komponierte größte Amsterdamer Naherholungsgebiet hieß ursprünglich schlicht Nieuwe Park, wurde dann jedoch, nachdem man dem großen Renaissancedichter *Joost van den Vondel* (1587–1679), dem ›Shakespeare der Niederlande‹, hier ein Denkmal errichtet hatte, in Vondelpark umbenannt. Der Park lockte ursprünglich hauptsächlich Anwohner aus den umliegenden wohlhabenden Vierteln ins Grüne, später kamen auch Arbeiterfamilien zum Sonntagsspaziergang hierher. In den 1960er-Jahren schließlich hatte sich ein buntes Hippie-Völkchen auf den Rasenflächen niedergelassen. Als jedoch die hygienischen Verhältnisse immer katastrophaler wurden – im Sommer übernachteten hier Tausende von jungen Leuten –, wurde der Park nachts geschlossen. Heute ist der Vondelpark wieder das beliebteste Freizeitgelände der Hauptstädter.

## 58 Heineken Experience

*Geschichte und Geschichten der zweitgrößten Brauerei der Welt.*

Stadhouderskade 78
Tel. 020/523 96 66
www.heinekenexperience.com
vorauss. bis Ende Okt. 2008 geschl.
Straßenbahn: 7, 10, 16, 24, 25

Als die Heineken-Brauerei in den 1930er-Jahren des 20. Jh. begann, Bier in die USA zu exportieren, musste sie den roten Stern auf ihrem Emblem durch einen weißen ersetzen, da mancher Amerikaner es sonst für ›kommunistischen‹ Gerstensaft gehalten und dessen Konsum abgelehnt hätte. Doch nach Überwindung dieser Anfangsschwierigkeiten eroberte Heineken auch Amerika im Sturm. Heute ist Heineken der größte Brauereikonzern Europas.

Nach der Verlagerung der Produktion an billigere Standorte richtete der Konzern im alten Stammgebäude an der Stadhouderskade die *Heineken Experience* ein, die nach der umfassenden Renovierung mit neuen Attraktionen aufwarten wird. Der Rundgang führt zurück ins

Jahr 1864, als der nur 22 Jahre alte Gerard Adriaan Heineken die bereits seit 1592 bestehende *De Hooiberg Brouwery* kaufte. Man begegnet dem Bayern Wilhelm Feltmann, der dem Niederländer beibrachte, wie man wirklich gutes Bier nach Pilsener Brauart produziert, und kann die riesigen Kessel bestaunen, in denen bis in die 1980er-Jahre der Gerstensaft reifte.

## 59 Albert Cuyp Markt

TOP TIPP *Größter und buntester Straßenmarkt Amsterdams.*

Albert Cuypstraat, von Ferdinand Bolstraat bis Van Woustraat
Mo–Sa 10–18 Uhr
Straßenbahn: 4, 16, 24, 25

Krimskrams und Klamotten, exotische Früchte und Gewürze, Fisch und Fleisch, Schmuck, Schuhe, Kosmetika und etliches mehr – der Albert Cuyp Markt ist der größte Straßenmarkt Amsterdams und hat allerlei zu bieten. Will man allerdings mehr als Gemüse oder Gewürze kaufen, ist kritische Begutachtung angebracht, denn besonders die angebotene Kleidung ist vielfach von minderer Qualität und viele der angeblichen Markenartikel sind gefälscht. Dennoch ist der von Montag bis Samstag geöffnete Markt bei den Hauptstädtern sehr beliebt. Besonders am Samstagmorgen schieben sich die Massen, das typische multikulturelle Amsterdamer Publikum, gemächlich an den knapp 400 Ständen vorbei. International sind auch die Restaurants rund um den Markt, in denen man türkische und chinesische, aber auch indische und surinamische Küche genießen kann. Und für das kulturelle Rahmenprogramm sorgen jede Menge Straßenkünstler und der Drehorgelmann, dessen Kompagnon mit seiner Büchse, dem *Centenbakje*, milde Geldgaben sammelt.

*Der Albert Cuyp Markt ist der größte Straßenmarkt der Stadt*

# Plantage – Tierisches, Botanisches und Ethnologisches aus aller Welt

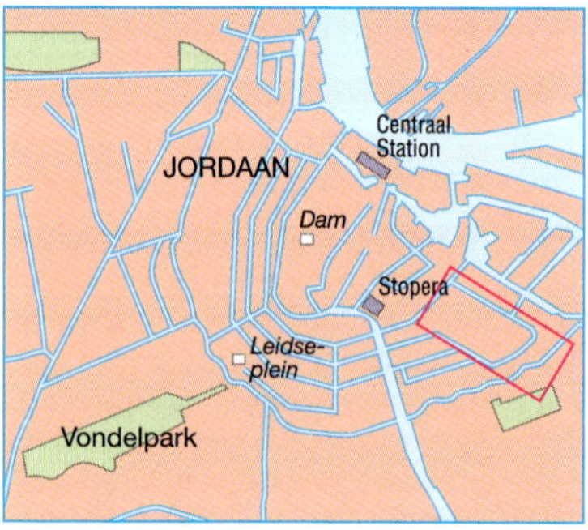


Der Name des südöstlich der Altstadt gelegenen Viertels Plantage lässt vermuten, dass es hier einmal sehr grün war. Und tatsächlich bestand das Ende des 17. Jh. als **Naherholungsgebiet** der gut betuchten Amsterdamer Oberschicht angelegte Areal damals zum Großteil aus Wäldern und Parkanlagen. Hier gab es einst so angenehme Zerstreuungen wie Lustgärten mit schmucken Teehäusern, kleine Varietétheater und was man als Angehöriger der besseren Gesellschaft dieser Zeit sonst noch zur stilvollen Freizeitgestaltung im Grünen benötigte. Als die Einwohnerzahl Amsterdams im 19. Jh. stark anstieg, musste ein Großteil der Grünflächen jedoch dem Wohnungsbau weichen. Es entstand ein nobles Viertel mit breiten Straßen und imposanten Stadtpalästen, das sich rasch zu einem bevorzugten Wohngebiet der Oberschicht entwickelte und es bis heute auch geblieben ist. Doch noch immer bietet die Plantage eine Anzahl grüner Oasen, allen voran der **Hortus Botanicus**, in dem eine große Vielfalt an tropischen und subtropischen Pflanzen aus den ehemaligen Kolonien gedeiht, und der **Zoo Artis**, der älteste Zoologische Garten Europas mit mehr als 1870 Tieren aus aller Welt. Die Plantage mit ihren Grünflächen und Museen – hier sind besonders das **Verzetsmuseum**, das sich mit dem niederländischen Widerstand während der deutschen Besatzung 1940–45 befasst, und das **Tropenmuseum**, das größte ethnologische Museum des Landes, zu nennen – bildet ein hübsches und interessantes Kontrastprogramm zum städtischen Amsterdam.

## 60 Hortus Botanicus

*Amsterdams Botanischer Garten präsentiert neben einheimischen Gewächsen zahlreiche Pflanzen aus den ehemaligen Kolonien.*

Plantage Middenlaan 2a
Tel. 020/625 90 21
www.dehortus.nl
Mo–Fr 9–17, Sa/So 10–17, Dez./Jan. tgl. bis 16 Uhr, Juli/Aug. tgl. bis 19 Uhr
Straßenbahn: 7, 9, 14

Eigentlich hatte man 1638 nur einen medizinischen Kräutergarten mit frischen Heilkräutern für die Ärzte und Apotheker der Stadt anlegen wollen. Doch dann brachten die Kaufleute der ost- und westindischen Handelsgesellschaften so viele interessante Gewächse von ihren Expeditionen mit, dass man den Garten schon bald erweitern musste. Aus Platzgründen wurde der rasch angewachsene Hortus Botanicus, der damals in der Nähe des heutigen Rembrandtplein lag, 1682 an seinen jetzigen Standort an der Nieuwe Herengracht östlich der Altstadt verlegt. Er verfügt inzwischen über eine Sammlung von rund 7000 Pflanzenarten, von denen ein Großteil aus Afrika, Asien und Amerika stammt. Und einige von ihnen verließen den Garten auch wieder, um in alle Welt verpflanzt zu werden. Eine Kaffeestaude z. B., welche die Stadt 1714 *König Ludwig XIV.* zum Geschenk gemacht hatte, wurde zur Stammpflanze der Kaffeeplantagen in den französischen Kolonien Südamerikas. Im 17. und 18. Jh. war der Hortus Botanicus über die Landesgrenzen hinaus weit bekannt. So reiste der berühmte schwedische Botaniker *Carl von Linné* (1707–1778), dem die Wissenschaft die systematische Ordnung und Benennung der Organismen mit la-

*Der Botanische Garten, die grüne Oase östlich der Altstadt, präsentiert eine Fülle heimischer und exotischer Pflanzen*

teinischen Doppelnamen verdankt, nach Amsterdam, um hier die Vielfalt der exotischen Pflanzenwelt zu studieren.

Wer dem Großstadttrubel für ein Weilchen entfliehen möchte, kann in der herrlichen Anlage des Botanischen Gartens zahlreiche Pflanzen tropischer, subtropischer und arider Klimazonen besichtigen. Im tropischen Klima des großen Palmenhauses beispielsweise gedeiht die 400 Jahre alte *Cycas-Palme* ganz prächtig. Und nach dem Rundgang lässt es sich auf der schattigen Terrasse der Orangerie bei einem Kopje Coffee herrlich entspannen.

## 61 Hollandsche Schouwburg

***Theaterruine und Gedenkstätte für die Opfer des Holocaust.***

Plantage Middenlaan 24
Tel. 020/531 03 40
www.hollandscheschouwburg.nl
tgl. 11–16 Uhr
Straßenbahn: 7, 9, 10, 14

1892 wurde das Direktorenwohnhaus des nahe gelegenen Zoo Artis in die Hollandsche Schouwburg umgewandelt, das sich unter dem weithin bekannten und geschätzten künstlerischen Direktor und Bühnenautor *Herman Heijermans* zum bedeutendsten Theater Amsterdams entwickelte. Doch während der **Besatzungszeit** im Zweiten Weltkrieg funktionierten die Nationalsozialisten das Gebäude zur Sammelstelle für niederländische Juden um, die von dort aus über das in der niederländischen Provinz Drenthe gelegene Durchgangslager Westerbork in die Konzentrationslager gebracht wurden. Heute wird hier der nationalsozialistischen Verbrechen an den niederländischen Juden gedacht, eine Ausstellung im Nebenhaus dokumentiert die Geschichte des Gebäudes.

Im Theater selbst ließ man nur einige Wände des großen Saals stehen und errichtete in der Mitte des Bühnenplatzes eine 10 m hohe **Granitsäule** auf einem Sockel in Form eines Davidsterns. Eine Gedenktafel erinnert an *Walter Susskind*, der zusammen mit anderen Untergrundkämpfern viele jüdische Kinder vor der Deportation rettete. Immer wieder gelang es ihnen, Kinder, die in einem gegenüberliegenden Kinderhort untergebracht waren, herauszuschmuggeln – in Rucksäcken, Kartons und Kartoffelsäcken. Eines der Kinder war *Ed van Thijn*, der spätere Bürgermeister von Amsterdam.

## 62 Zoo Artis

***Der älteste Zoo Europas ist Heimat für über 1872 Tiere aus allen Kontinenten.***

Plantage Kerklaan 38–40
Tel. 020/523 34 00
www.artis.nl
tgl. 9–17, im Sommer bis 18 Uhr
Straßenbahn: 6, 9, 14

Großer Beliebtheit erfreut sich Amsterdams Zoo Artis, dessen vollständiger Name **Natura Artis Magistra** – ›Die Natur ist die Lehrmeisterin der Kunst‹ – lautet. Er wurde 1838 auf Initiative des Buchhändlers *G. F. Westerman* von einer gleichnamigen Vereinigung ins Leben gerufen, deren Ziel es war, die »Kenntnisse der Naturgeschichte auf eine angenehme und anschauliche Weise zu fördern …«.

Die Vielfalt der Tierarten betreffend, hat der Zoo einiges zu bieten: An die 454 lebende Spezies von Säugetieren, Amphibien, Reptilien, Vögeln und Insekten, dazu 233 Fischarten. Und natürlich gibt es auch einen Streichelzoo für Kinder. Außer

*Zufrieden verspeist ein Orang-Utan seine Banane im Zoo Artis*

dem Tiergarten und Aquarium verfügt Artis über ein modernes **Planetarium** mit einer Projektionskuppel von 640 $m^2$. Sonne, Mond, Sternensystemen und Planeten sowie der Raumfahrt ist eine permanente Ausstellung rund um den Kuppelsaal gewidmet. Außerdem gibt es ein **Geologisches Museum** und ein **Zoologisches Museum**. Und auch die Darstellung der Pflanzenwelt kommt nicht zu kurz. Über den Park verteilt findet man eine Vielzahl heimischer und exotischer Blumen, Sträucher und Bäume, und in den drei großen **Gewächshäusern** in der Nähe des Seelöwenbeckens werden tropische Pflanzen, Sukkulenten und Sumpfpflanzen gehalten.

## 63 Verzetsmuseum

***Ausstellung über den niederländischen Widerstand während der deutschen Besatzung 1940–45.***

Plantage Kerklaan 61
Tel. 020/620 25 35
www.verzetsmuseum.org
Di–Fr 10–17, Sa–Mo 11–17 Uhr
Straßenbahn: 6, 9, 14

Das schräg gegenüber dem Zooeingang gelegene Gebäude mit dem Davidstern in seinem Giebeldreieck blickt auf eine bewegte Vergangenheit zurück. 1876 war es als Versammlungshaus des jüdischen Gesangsvereins ›Oefening baart kunst‹ errichtet worden, dem vor allem jüdische Diamantschleifer angehörten. Ab 1890 dann hielt hier die sozialistische Arbeiterbewegung mit ihren Führern *Pieter Jelles Troelstra* und *Henri Polak* ihre Versammlungen ab. Die großen Tore beiderseits des Eingangs erinnern an die folgenden Jahre, als der hintere Teil des Hauses als Garage und Werkstatt eines Taxiunternehmens und später für Polizeifahrzeuge genutzt wurde. Während der deutschen Besatzung schließlich hatten die Nationalsozialisten hier einen Teil ihres Fuhrparks untergebracht.

Mittlerweile ist hier eine sehenswerte Ausstellung zu sehen, die anhand von authentischen Exponaten wie selbst gebauten Radioempfängern, gefälschten Ausweisen und anderen ›Papieren‹ sowie Fotos, Filmen und Tonaufnahmen die Aktivitäten der während der deutschen Besatzung im Untergrund agierenden niederländischen Widerstandsbewegung dokumentiert. Dabei werden die verschiedenen Maßnahmen gegen die Besatzungsmacht beleuchtet wie Streiks, bewaffneter Widerstand, Bereitstellung von Verstecken und Ausarbeitung von Fluchtrouten für die *Onderduikers*, die Untergetauchten, aber auch Spionage und die Produktion von Untergrundzeitungen. In jener Zeit wurde z. B. die auch heute noch publizierte Zeitung *Het Parool* gegründet. Die in einem Versteck untergebrachte Druckerpresse konnte nur mithilfe eines Fahrrades angetrieben werden.

## 64 Tropenmuseum

***Größtes völkerkundliches Museum der Niederlande mit Schwerpunkt auf den ehemaligen Kolonien in Südostasien.***

Linnaeusstraat 2
Tel. 020/568 82 00
www.tropenmuseum.nl
tgl. 10–17 Uhr
Straßenbahn: 3, 7, 9, 10, 14

Das auf dem Gelände des Oosterpark südlich des Zoos gelegene Völkerkundemuseum wurde Anfang des 19. Jh. gegründet, um das Leben in den niederländischen Kolonien zu dokumentieren, wobei der Schwerpunkt auf den ›Nederlands Indië‹ lag, dem heutigen Indonesien. Mit dessen Unabhängigkeit 1949 benannte sich die *Vereniging Koloniaal Instituut*, die sich der Kolonialgeschichte der Niederlande gewidmet hatte, um in *Koninklijk Instituut voor de Tropen*. Das Institut betreibt heute das Tropenmuseum.

Das Innere des 1923 errichteten Museumsgebäudes wird von einer zentralen Lichthalle mit umlaufenden Galerien auf mehreren Etagen dominiert, von denen die Ausstellungsräume abgehen. In den acht Abteilungen – Südostasien, Ozeanien, Südasien, die Kultur des Islam im Westen Asiens und in Nordafrika, Afrika, Lateinamerika, Mensch und Umwelt sowie Tanz, Theater und Musik – wird den Besuchern das Leben und die Kultur der Menschen in den Tropen und Subtropen nahe gebracht. Die Themengebiete reichen von exotischen Riten und fernöstlichen Religionen bis hin zu aktuellen Problemen der Dritten Welt wie Übervölkerung, Umweltverschmutzung und Zerstörung der Regenwälder.

Zu den interessantesten Sehenswürdigkeiten zählen die naturgetreuen Nachbauten von Häusern und Straßenzügen. Man kann durch eine arabische Basargasse schlendern, den Hof eines javanesischen Hauses oder ein indisches Dorf studieren. Nicht versäumen sollte man das Museumsrestaurant *Ekeko* mit seinen köstlichen tropischen Getränken, Snacks und authentischen Gerichten aus den Tropen.

*Aufarbeitung der kolonialen Vergangenheit – in acht Abteilungen präsentiert das Tropenmuseum die Kultur Afrikas, Amerikas und Asiens*

AJAX
AMSTERDAM
ABN·AMRO
ABN·AMRO

# Das alte Hafenviertel und ein Abstecher nach Süden

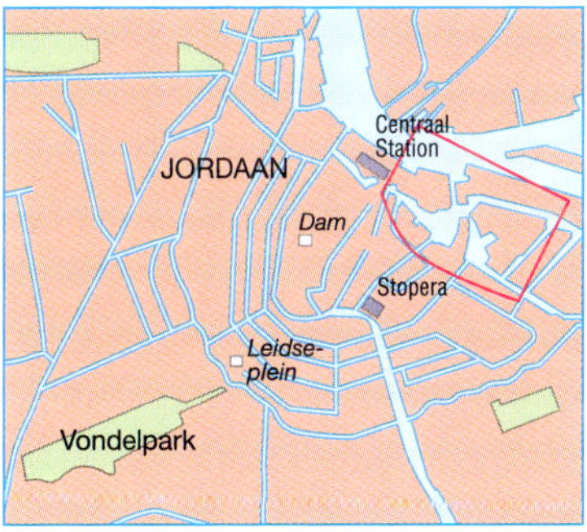


Ein Wald von Schiffsmasten säumte im 17. und 18. Jh. den Amsterdamer Hafen, der bis zum Bau der Centraal Station zum IJ hin offen war. Von hier aus stachen die niederländischen Handels- und Kriegsschiffe in See, die zwei Jahrhunderte lang die Weltmeere beherrschten und so für die wirtschaftliche Blüte der Grachtenmetropole sorgten. Mittlerweile ist der Hafen weit vor die Stadt gezogen, und es erinnern nur noch Museen an die große maritime Vergangenheit der Niederlande. Das Aushängeschild dieser Museenlandschaft, das **Nederlands Scheepvaart Museum**, wird jedoch derzeit renoviert und bleibt bis 2009 geschlossen. Seine besondere Attraktion, die ›Amsterdam‹, der originalgetreue Nachbau eines Ostindienseglers aus dem 18. Jh., der Einblicke in das Arbeitsleben an Bord eines Handelsschiffes gewährt, bleibt jedoch geöffnet. Der Dreimaster ankert für die Dauer der Renovierungsmaßnahmen vor dem Wissenschaftsmuseum **NEMO** am Oosterdok. Dieses interaktive Technologiezentrum übt besonders auf Kinder eine unwiderstehliche Faszination aus.

Von der nahen Centraal Station sind zwei interessante Ziele im Süden der Grachtenmetropole rasch erreicht: Einmal ist da die futuristische **Amsterdam ArenA** mit dem AJAX Museum, das die großen Erfolge des berühmten Fußballvereins feiert. Und wer nach all den kulturellen Höhepunkten Erholung im Grünen sucht, findet nahe dem Vorort **Amstelveen** die größte städtische Grünanlage, den künstlich angelegten **Amsterdamse Bos**.

## 65 Schreierstoren

*Vom ›Turm der Tränen‹ brach 1595 die erste Expedition nach Ostindien auf.*

Prins Hendrikkade
Straßenbahn: 1, 2, 4, 5, 9, 13, 16, 17, 24, 25

Der an der *Prins Hendrikkade* nahe der Centraal Station gelegene, 1485 errichtete Schreierstoren gehört als Teil der ersten steinernen Stadtmauer zu den wenigen erhaltenen mittelalterlichen Bauwerken Amsterdams. Von der Mauer selbst ist heute nichts mehr erhalten, einzige Überbleibsel der Befestigungsanlage neben dem Schreierstoren sind die Waag [s. S. 46] und der Montelbaanstoren [s. S. 95]. Für den Namen des wuchtigen Backsteinturms gibt es zwei Erklärungsmodelle. Die einen sagen, der Turm habe *schrijlings* – rittlings – auf der Stadtmauer aufgesessen, während die anderen sich auf einen in der Turmwand angebrachten Giebelstein mit dem Relief einer weinenden Frau, eines auslaufenden Seglers und der Jahreszahl 1569 berufen und den Schreierstoren mit ›Turm der Tränen‹ übersetzen. Demzufolge würde der Name auf die tränenreichen Abschiedsszenen der Seemannsfrauen hinweisen, wenn ihre Männer hier vorbei segelten und für lange Zeit – nicht selten ohne Wiederkehr – hinaus aufs Meer fuhren. Eine am Turm angebrachte Gedenktafel erinnert an die ›Eerste schipvaart naar Oostindie‹ 1595, die hier begann. Von den vier Schiffen mit 240 Seeleuten kehrte

*/orbild für viele der Fußballtempel, die seit der Jahrtausendwende überall in Europa er- ichtet wurden: die Amsterdam ArenA*

nach über zwei Jahren nur eines mit 27 Männern zurück, doch der Grundstein für den späteren Erfolg der Handelsgesellschaft war gelegt. Heute bietet sich das solide Gemäuer für eine Rast an, beherbergt es doch das gemütliche *VOC-Café Schreierstoren* (Tel. 020/428 82 91, www.schreierstoren.nl) sowie einen Laden für nautische Karten und Instrumente.

## 66 Scheepvaarthuis/ Grand Hotel Amrâth

*Das Haus der Schifffahrt präsentiert sich in Form eines Schiffsbugs.*

Prins Hendrikkade 108–114
Tel. 020/552 00 00
www.amrathamsterdam.com
Führungen So auf Anmeldung:
Tel. 020/418 28 85, www.hetschip.nl
Bus: 22, 32

Der ehemalige Sitz der bedeutendsten niederländischen Schifffahrtsgesellschaften, das Scheepvaarthuis (Haus der Schifffahrt), heute Grand Hotel Amrâth, wurde 1913–16 unter der Leitung von *Johan Melchior van der Mey* (1878–1949) und der Mitwirkung von *Michel de Klerk* (1884–1923) und *Piet Kramer* (1881–1961) erbaut. Die drei Architekten gehörten zu den führenden Vertretern der **Amsterdamse School**, die Anfang des 20. Jh. einen wichtigen Beitrag zur modernen Architektur der Niederlande leistete. Beeinflusst wurde sie von *Hendrik Petrus Berlage*, der mit seiner strengen und sachlichen Bauweise [Beurs van Berlage, s. S. 28] den damals populären Historismus überwand. Auch die Schule von Amsterdam lehnte die Nachahmung von Baustilen vergangener Zeiten ab, baute jedoch plastischer und wesentlich schmuckfreudiger als Berlage.

Zu den Hauptwerken der Architektenvereinigung gehört das Scheepvaarthuis, dessen nach Norden hin spitzwinklig zulaufender Grundriss dem Bug eines Schiffes nachempfunden ist. Die Fassade ist ebenso wie der Turmaufbau des Backsteingebäudes reich mit fantasievollem ornamentalem und figürlichem Skulpturenschmuck verziert, mit Meeresbewohnern, Schiffen und Seehelden, Entdeckern und Gelehrten, die allesamt an die lange Tradition der niederländischen Seefahrt erinnern.

*Wie ein Fels in der Brandung steht das Scheepvaarthuis, eines der Hauptwerke der Amsterdamer Schule, am Hafenbecken des Oosterdok*

*Gut getarnt – mit seiner eleganten hölzernen Spitze wirkt der alte Festungsturm Montelbaanstoren fast wie ein Kirchturm*

## 67 Montelbaanstoren

*Alter Festungsturm mit barocker Spitze.*

Oude Schans 2
Straßenbahn: 9, 14

Der achteckige, mit eleganter Spitze und Glockenspiel ausgestattete Montelbaanstoren geht mühelos als Kirchturm durch – und ist doch nur ein um 1512 errichteter Geschützturm, dem man knapp 100 Jahre später eine von Stadtbaumeister Hendrik de Keyser entworfene, hölzerne Spitze aufsetzte.

Der Montelbaanstoren wurde Anfang des 16. Jh. als Teil einer Verteidigungsanlage erbaut, nachdem Truppen aus der östlich von Amsterdam gelegenen niederländischen Provinz Gelderland das damals an dieser Stelle außerhalb der mittelalterlichen Wehrmauern liegende schutzlose Viertel Lastage mit seinen kleinen Werften, Seilereien und Warenmagazinen attackiert hatten. Zuverlässig geschützt gegen derartige Angriffe war das heute nicht mehr erhaltene Stadtviertel aber erst, als man kurze Zeit später einen weiten Wassergraben, die Oude Schans, anlegte. Heute hat das Stadswaterkantoor, die wohl bedeutendste städtische Behörde Amsterdams, die die Wasserstände in den Grachten reguliert, im Turm ihren Sitz.

## 68 NEMO

***Interaktives Technologiezentrum, in dem Groß und besonders Klein Wissenschaft und Technik spielerisch erkunden können.***

Oosterdok 2
Tel. 09 00/919 11 00
www.e-nemo.nl
Di–So 10–17, Juni–Aug. tgl. 10–17 Uhr
Bus: 22

Genau dort, wo die Schnellstraße, die das Zentrum Amsterdams mit den nördlichen Stadtvierteln verbindet, in einem Tunnel unter der IJ verschwindet, ragt der futuristische Bau des NEMO (früher New-Metropolis), eines 1997 eröffneten Wissenschafts- und Technologiezentrums, wie ein grüner Schiffsbug aus dem Wasser. Entworfen hat das Gebäude der Italiener *Renzo Piano*. Mithilfe multimedialer Technik und anhand von Experimenten bietet das Museum in mehreren Abteilungen Einblicke in die Themenbereiche Energie, Kommunikation und Mensch. So erfährt man auf einer Reise durch das menschliche Gehirn alles über unseren Verstand, und auch die DNA wird allgemeinverständlich erläutert. Nach dem Rundgang durch die Säle kann man sich im Café-Restaurant mit seiner herrlichen Dachterrasse erholen.

**Oben:** *Im Hafenbecken am Oosterdok ist der futuristische Bau des NEMO, der wie ein Schiff emporragt, vor Anker gegangen*

*Im einst betriebsamsten Hafen der Welt ist es ruhiger geworden, doch im Schifffahrtsmuseum lebt die glorreiche Vergangenheit fort* ▷

# 69 Nederlands Scheepvaart Museum

*Alles über die Geschichte der niederländischen Seefahrt.*

Kattenburgerplein 1
www.scheepvaartmuseum.nl
wegen Renovierung bis Mitte 2009 geschl.
Der Ostindiensegler Amsterdam (s.u.) bleibt geöffnet, liegt zzt. jedoch vor dem Wissenschaftsmuseum NEMO [s. Nr. 68] vor Anker.
Bus: 22, 32

*Das Leben an Bord eines Ostindienseglers war wohl nicht so romantisch wie es heute auf der ›Amsterdam‹ nachgespielt wird*

18 000 in den Grund des Oosterdok getriebene Holzpfähle tragen den 1655 um einen weiten Innenhof angelegten Gebäudekomplex des ehemaligen **Flottenarsenals** der Amsterdamer Admiralität. Wo früher Schießpulver, Munition und Kanonen sowie Segel und Tauwerk für eine Kriegsflotte von 40 Schiffen gelagert wurden, werden heute 250 000 Exponate und Dokumente zur Historie der niederländischen Seefahrt, zur *Handelsmarine*, *Kriegsmarine* und *Fischereiflotte*, aufbewahrt. Etwa 1000 davon präsentiert das 1973 hier eingerichtete Nederlands Scheepvaart Museum, eines der größten maritimen Museen der Welt, in einer interessanten Ausstellung: Rund 500

*In Amsterdams Werften, hier das Werfmuseum 't Kromhout, werden heute nur noch kleine Schiffchen gebacken*

maßstabgetreue Schiffsmodelle, historische Seekarten, Navigationsinstrumente, Schiffsausrüstungen, Gemälde und Fotos. Schwerpunkt der Sammlung ist das 17. Jh., welches die Erfolgsgeschichte der Vereinigten Ostindischen Kompanie [s. S. 42] und daraus resultierend den Aufstieg der Niederlande zur führenden Seefahrer- und Handelsnation der Welt umfasst.

*Das Vorbild des Museumsschiffes ›Amsterdam‹ kreuzte im 18. Jh. auf den Weltmeeren*

Zu den interessantesten Exponaten zählt der 16 Bände umfassende Atlas ›Le Théâtre du monde‹ der berühmten Amsterdamer Kartographen *Willem Janszoon* und *Johan Blaeu* von 1663. Auch die elegante, grün lackierte Schleppjacht aus der 2. Hälfte des 18. Jh., in der wohlhabende Amsterdamer Ausflüge unternahmen oder sich bei schlechtem Wetter zur Kirche fahren ließen, gehört zu den Glanzlichtern der Besichtigung. Dabei musste das komfortable Boot nach Art einer *Treckschuite* von der Dienerschaft an langen Tauen vom Ufer aus durch den Kanal gezogen werden. Ein Boot von höchstem Rang ist die weiße Königsschaluppe von 1818, ein Geschenk des niederländischen Volkes an ihren König Wilhelm I. Der Bug ist mit einer prunkvollen vergoldeten Muschel geschmückt, in der Meergott Neptun in einem Streitwagen thront. Auch Königin Juliana drehte 1962 anlässlich ihrer Silberhochzeit darin eine Runde. Nicht weniger bewundernswert ist das von *Jan van den Dam* 1750 entwickelte Planetarium. Das Gerät diente der Ausbildung von Steuermännern und funktioniert noch immer. Der Sockel trägt eine Glaskuppel, in der die Planeten, von einem Uhrwerk angetrieben, um die Sonne kreisen.

Highlight des Scheepvaart Museum aber ist die originalgetreue Rekonstruktion des Ostindienseglers **Amsterdam**, die normalerweise am Bootssteg vor dem Museumsgebäude vor Anker liegt, bis zu dessen Wiedereröffnung jedoch vor dem Technologiezentrum NEMO [Nr. 68] ankert. Als Vorlage für die Rekonstruktion des 48 m langen und 12 m breiten Dreimasters, der in den 1980er-Jahren im Rahmen einer Arbeitsbeschaffungsmaßnahme für arbeitslose Jugendliche entstanden ist, diente das Modell eines Schiffes aus dem Rijksmuseum. Der Originalsegler, der 1749 zu seiner Jungfernfahrt in See stach, sollte sein Ziel im Indischen Ozean nie erreichen. Schwere See trieb ihn bereits bei Südengland auf eine Sandbank, wo er heute noch auf Grund liegt. Der Nachbau bietet nun die Möglichkeit, sich ein Bild von Arbeit und Leben an Bord eines Handelsschiffes des 18. Jh. zu machen. Um die Besucher vollends einzustimmen, tummelt sich das ganze Jahr über eine Besatzung in historischen Kostümen an Bord, die auch Führungen durch das Innere des Seglers anbietet.

An die geschäftige Zeit des Hafens erinnern 84 Speicherhäuser, die über eine Länge von 500 m am nahe gelegenen Kanal **Entrepotdok** aufgereiht sind. Sie wurden zwischen 1708 und 1829 als Lager für zollfreie Ware erbaut. Heute beherbergen die Ende der 80er-Jahre des 20. Jh. aufwendig restaurierten Häuser Büros und Wohnungen sowie einige kleine Cafés.

## 70 Werfmuseum 't Kromhout

*In der ältesten noch existierenden Schiffswerft Amsterdams kann man sich über den Schiffsbau im 19. Jh. informieren.*

Hoogte Kadijk 147
Tel. 020/627 67 77
www.machinekamer.nl
Besichtigung Di 10–15 Uhr oder nach telefonischer Anmeldung für Gruppen über 15 Personen
Straßenbahn: 7, 10
Bus: 22, 32

Hier wird gehämmert, dort geschweißt und geschleift, und über allem hängt der Geruch von Öl und Teer – in der im 18. Jh. gegründeten Werf 't Kromhout werden noch heute Schiffe gebaut und repariert. Zur Information der Besucher hat man in einem der Werftgebäude eine kleine Ausstellung zusammengetragen, die anhand von alten Schiffsmotoren, Werkzeugen etc. die Entwicklung maritimer Technik ab jener Zeit demonstriert, als Dampfer die Segelschiffe zu verdrängen begannen.

*Die Mühle De Gooyer in der Funenkade ist das letzte Exemplar ihrer Art in der niederländischen Hauptstadt*

## 71 De Molen De Gooyer

*Die letzte Windmühle Amsterdams.*

Funenkade 7
Straßenbahn: 7, 10

Von den einst so zahlreichen Windmühlen Amsterdams – allein in diesem Viertel gab es fünf –, ist nur die Windmühle De Gooyer aus dem 17. Jh. übrig geblieben. 1814 hat man sie von ihrem ursprünglichen, weiter südwestlich gelegenen Standort hierher geschafft, weil ihr dort neu errichtete Gebäude den Wind aus den Segeln genommen hatten. Seit einigen Jahren beherbergt die Windmühle die Kneipe *'t IJ* (Tel. 020/320 17 86, tgl. 15–20 Uhr). Lockmittel sind die zahlreichen Biersorten, darunter die recht starken Gebräue Columbus, Zatte und Natte. Sie stammen alle aus der benachbarten, in einer ehemaligen Badeanstalt eingerichteten Bierbrouwerij 't IJ. Jeden Freitag um 16 Uhr findet übrigens eine interessante Brauereiführung statt (Funenkade 7, Tel. 020/622 83 25, www.brouwerijhetij.nl).

*Raumschiff ›Amsterdam ArenA‹ zum Abflug bereit – der Fußballklub AJAX Amsterdam besitzt eine der modernsten Fußballarenen Europas*

## 72 AJAX Museum Plan Seite 108

*Alles über AJAX Amsterdam.*

Amsterdam ArenA,
Vorort Bijlmermeer
Tel. 020/311 16 85
www.ajax.nl
April–Sept. Mo–Fr 9.30–17.30, Sa/So 12–16.30 Uhr, Okt.–März Mo–Sa 9.30–16.30 Uhr, auch Führungen durchs Stadion möglich
Metro: 54

Trikots, Medaillen und Trophäen aus einem Jahrhundert Fußball – im Jahr 2000 feierte der niederländische Traditionsverein mit dem offiziellen Namen *Amsterdam Football Club* sein 100-jähriges Bestehen – sind im AJAX Museum im Eingangsbereich des neuen Stadions zu bewundern. Die Liste der errungenen Titel ist lang, ebenso die der Weltklassekicker, die der Verein hervorgebracht hat. Anhand von Fotos und Exponaten wird das Wohl und Wehe von AJAX und dessen enge Verbundenheit mit der Stadt dokumentiert. Wer will, kann sich sogar in die Umkleidekabine der Helden begeben, allerdings nur virtuell.

Doch verfügt der erfolgsverwöhnte Verein nicht nur über ein für seine zahlreichen Fans interessantes Museum, sondern obendrein auch noch über eines der schönsten und modernsten Sportstadien Europas, die **Amsterdam ArenA**. Das auffällige, 1996 eingeweihte Bauwerk fasst 50 000 Zuschauer, und bei schlechtem Wetter kann das Stadion, das auch für Rockkonzerte und andere Open-Air-Spektakel genutzt wird, mittels einer Schiebekonstruktion überdacht werden

Eine der bedeutendsten Livebühnen Amsterdams ist die nahe **Heineken Music Hall** (ArenA Boulevard 590, Tel. 09 00/687 42 42 55, www.heineken-music-hall.nl), einer Konzerthalle für etwa 5500 Besucher, in der schon *Bon Jovi* oder *Coldplay* auftraten.

## 73 Amstelveen Plan Seite 108

*Trabantenstadt im Süden mit dem exzellenten CoBrA-Museum und der Grünen Lunge Amsterdams.*

Straßenbahn: 5, 51 ab Centraal Station, ca. 35 min.
Bus: 170, 172, 175, 199, 300

Amstelveen, obwohl mit seinen 79 000 Einwohnern eine ausgewachsene Stadt, gilt doch als Schlafstadt der Amsterdamer. Und doch lohnt ein Abstecher in diesen südlichen Vorort der Grachtenmetropole. Denn direkt am Stadsplein befindet sich mit dem **Cobra Museum voor Moderne Kunst** (Sandbergplein 1, Tel. 020/547 50 50, www.cobra-museum.nl, Di–So 11–17 Uhr) die umfassendste

Ausstellung mit Arbeiten der internationalen CoBrA-Bewegung (s. auch S. 43 und 85). In dem von natürlichem Licht durchfluteten, modernen Gebäude des niederländischen Architekten Wim Quist werden nach wechselnden thematischen Schwerpunkten Gemälde, Skulpturen und Keramiken der Gruppe präsentiert. Ergänzt werden die Ausstellungen durch ›artverwandte‹ Arbeiten von Künstlern der niederländischen avantgardistischen Bewegungen ›Vrij Beelden‹ (1946) und ›Creatie‹ (1950–1955), die ebenfalls zur Sammlung des Museums gehören.

In der *Cobra Gallery* können Werke von Künstlern der CoBrA-Bewegung erworben werden, und der im Eingangsbereich befindliche *Cobra Museum Laden* verfügt über ein beachtliches Angebot an Kunstliteratur (Schwerpunkt Cobra- und andere Moderne Kunst der Nachkriegszeit), Postkarten und Postern.

Etwas abseits des Zentrums von Amstelveen, jenseits der Autobahn A 9, befindet sich das kleine **Museum Jan van der Togt** (Dorpstraat 50, Tel. 020/641 57 54, www.jvdtogt.nl, Mi–So 13–17 Uhr), dessen besonderer Stolz eine Sammlung moderner Glaskunst ist.

Etwa zwei Kilometer südlich von Amstelveens Stadsplein erreicht man den Stadtwald **Amsterdamse Bos** (über Keizer Karelweg, später Amsterdamseweg und Amstelveenseweg, Bus 170 und 172 ab Amstelveen oder Amsterdam Centraal Station). Er bedeckt eine Fläche von mehr als 800 ha und ist damit das größte Naherholungsgebiet der Hauptstädter.

In unmittelbarer Nähe des Zugangs befindet sich das **Besucherzentrum** (Bosbaanweg 5, Tel. 020/545 61 00, www.amsterdamsebos.nl, tgl. 12–17 Uhr). Dort erfährt man auch, wie der Wald entstand: Angelegt wurde er nämlich im Rahmen einer Arbeitsbeschaffungsmaßnahme, nachdem die Weltwirtschaftskrise 1934 verheerende Arbeitslosigkeit nach sich gezogen hatte. Innerhalb von fünf Jahren legten 5000 Männer zunächst Sumpfland trocken, schufen Seen und Kanäle, warfen Hügel auf und pflanzten sodann Bäume und Sträucher aus Europa, Kanada, USA, China, Japan und dem Gebiet des Himalaja. Zudem werden Fauna und Flora des Amsterdamse Bos vorgestellt, in dessen Wäldern heute rund 200 Vogelarten heimisch sind. 60 km Fuß- und 48 km Fahrradwege sowie ein See, auf dem gesegelt und gerudert werden kann, bieten zahlreiche Möglichkeiten der naturnahen Freizeitgestaltung.

Eine originelle Anfahrtsmöglichkeit zum Amsterdamse Bos bietet die historische Straßenbahn der *Electrische Museumtramlijn Amsterdam* (www.museumtram.nl), die vom Amsterdamer Straßenbahnmuseum (Amstelveenseweg 264) aus startet. Alt und Jung sind begeistert von dieser Sammlung mit ca. 70 historischen Straßenbahnen aus verschiedenen europäischen Städten.

*Karel Appel (1921–2006), Gründungsmitglied von Cobra, schuf 1951 das Gemälde ›Frauen, Kinder und Tiere‹, zu sehen im Cobra Museum im Amsterdamer Stadtteil Amstelveen*

# Rund um Amsterdam – vom IJsselmeer zur Nordsee

Windmühlen, Tulpen und natürlich Käse – was wäre ein Besuch in Amsterdam, ohne die weltweit bekannten holländischen Wahrzeichen gesehen zu haben? Bei einem Ausflug ins Umland trifft man sie alle an. Obwohl in **Edam** am IJsselmeer längst kein Käse mehr hergestellt wird, dreht sich hier alles um den berühmten Edamer, besonders dann, wenn der bäuerliche Käsemarkt abgehalten wird. So richtig ländlich wird es, wenn man von Edam aus am Seeufer gen Süden fährt. In idyllischen Fischerdörfern wie **Volendam**, **Marken** und **Monnickendam** mit ihren Häfen, den grün-weiß gestrichenen Holzhäuschen und etlichen Windmühlen scheint die Zeit stehen geblieben zu sein. Wie auch im weiter westlich gelegenen Museumsdorf **Zaanse Schans**, wo die Bewohner anscheinend noch so leben und arbeiten wie vor Jahrhunderten. Zurück in die Gegenwart führt ein Abstecher nach **Haarlem**, der Hauptstadt der Provinz Noordholland, die mit dem *Frans Hals Museum* eine der bedeutendsten Gemäldegalerien des Landes besitzt. Einen farbenprächtigen Anblick bietet im Frühjahr das Küstenhinterland südlich von Haarlem, denn dann blühen hier die Tulpenfelder in allen Farben. Wer eine Blumenauktion miterleben möchte, muss **Aalsmeer** ansteuern, das weltgrößte Handelszentrum seiner Art. Über Haarlem erreicht man schließlich **Zandvoort**, das beliebteste niederländische Nordseebad mit seinem 9 km langen Sandstrand.

## 74 Zaandam

*Wo Zar Peter der Große das Zimmermannshandwerk erlernte.*

Etwa 15 km nördlich von Amsterdam liegt das kleine Städtchen Zaandam, das mit seinen Windmühlen heute recht idyllisch wirkt, im 17. Jh. aber einer der ersten Industrieorte des Landes war. Hunderte von Windmühlen trieben damals Holz- und Steinsägewerke sowie Mahl- und Hammerwerke an. 1697 wurde hier, an einer der zahlreichen Schiffswerften an der Zaan, niemand Geringerer als der *russische Zar Peter der Große* unter dem Namen Peter Michailov als Schiffszimmermann angestellt, er hämmerte, sägte und schleppte Schiffsplanken. Im Dorf hatte er sich in einem winzigen Häuschen, das heute als **Czaar Peterhuisje** (Krimp 23, www.zaanseschans.nl, Di–So 13–17 Uhr) bekannt ist, eingemietet. Ob der baumlange Herrscher allerdings wirklich in dem recht kurz geratenen Schrankbett nächtigte oder den Fußboden als Nachtlager bevorzugte, ist nicht bekannt. 1911 stiftete *Zar Nikolaus II.* der Stadt ein Denkmal, das jetzt auf dem Dam an den Aufenthalt Peter des Großen in den Niederlanden erinnert. Zu den weiteren Sehenswürdigkeiten von Zaandam zählen die hinter dem Bahnhof gelegene Sägemühle *Held Josua*, die 1640 erbaute Wassermühle *De Ooievaar* bei der Juliabrug und zwei *Accijnshuisjes*, Zollhäuschen, vom Anfang des 18. Jh. an der Schleuse.

Die bedeutendste Sehenswürdigkeit von Zaandam ist jedoch das vor den Toren der Stadt gelegene **Zaanse Schans** (Schansend 1, www.zaanseschans.nl, tgl. 9–17 Uhr), ein pittoreskes Freilichtmuseum mit rund 30 grün-weiß gestrichenen

*In voller Blüte stehen – besonders im Frühjahr, wenn die Blumenfelder in allen Farben leuchten, lohnt der Besuch der Blumenschau im Keukenhof*

*Außer Betrieb, aber immer noch eine Attraktion – drei stillgelegte Windmühlen im malerischen Freiluftmuseum Zaanse Schans*

## Zar und Zimmermann – Peter der Große in Amsterdam

Ihn während seiner Reise nach Holland als Zar anzusprechen, untersagte **Peter der Große** (1672–1725) seinem Gefolge unter Androhung der Todesstrafe. Er wollte unerkannt bleiben. 1697 traf er in Amsterdam ein, um den Schiffsbau zu studieren. Unter dem Namen Peter Michailov heuerte er als Zimmermann auf einer Werft in **Zaandam** an und griff zu Hobel, Axt und Querbeil. Bald jedoch wurde er erkannt, floh vor den Gaffern nach Amsterdam und erlernte den **Schiffsbau** in einer abgeschirmten Werft der VOC. Für die »hochgestellte Persönlichkeit, die sich hier inkognito aufhält« ließ man eigens eine neue Fregatte, die ›Peter en Paul‹, auf Kiel legen. Häufig verließ der junge russische Zar die Werft, um sich, von ungewöhnlicher Wissbegier und vielseitigen Interessen getrieben, Werkstätten, Fabriken, Schulen, botanische Gärten und Laboratorien zeigen zu lassen, er erlernte die Technik des Kupferstichs und kaufte Kunst, anatomische Präparate und andere Dinge auf. Besonders beeindruckte ihn die neueste Erfindung auf dem Gebiet der Brandbekämpfung, die Feuerspritze. Davon kaufte er gleich Dutzende und ließ sie nach Russland schaffen. Immer wieder besuchte der Zar auch **anatomische Vorlesungen**, assistierte bei Operationen und konnte schon bald selbst Zähne ziehen. Ob er allerdings eine schmerzfreie Technik beherrschte, muss bezweifelt werden, vermied es doch bald jeder in seiner Umgebung, über Zahnweh zu klagen. Ende April/Anfang Mai 1698 verließ Zar Peter Amsterdam und reiste über Wien nach Moskau.

Holzhäusern und etlichen Mühlen aus dem 17. und 18. Jh. Die vorbildlich restaurierten Gebäude stammen aus verschiedenen Teilen des Landes und wurden in den 60er-Jahren des 20. Jh. abgetragen und an dieser Stelle wieder aufgebaut, um sie vor dem endgültigen Abriss zu bewahren. Das Besondere an dem künstlich angelegten Zaanse Schans ist, dass hier Menschen leben und arbeiten wie vor Hunderten von Jahren und so einen Eindruck vom ländlichen Leben der Region längst vergangener Zeiten vermitteln. Auf dem Rundgang durch das Dorf können eine Öl-, eine Senf-, eine Farben- und eine Sägemühle besichtigt werden. Daneben gibt es einen Kolonialwarenladen, eine Bäckerei, eine Käserei, einen Holzschuhmacher und eine Zinngießerei, in denen die Handwerke noch wie früher betrieben werden.

Unmittelbar an die Zaanse Schans grenzt das **Zaans Museum** (Schansend 7, www.zaanseschans.nl, tgl. 9–17 Uhr). In den vier Themenbereichen Wohnen, Arbeiten, Wind und Wasser wird die Geschichte dieser alten Industrieregion weiter vertieft.

## 75 Edam

*Pittoreskes Käsestädtchen mit beliebtem Käsemarkt.*

Weltweit bekannt ist Edam für den kugelförmigen Edamer Käse mit der roten Schale, doch wird kein einziger der 27 Mio. alljährlich produzierten Käselaiber hier hergestellt. Dieses und anderes über das beliebte holländische Milchprodukt erfährt der Besucher in dem kleinen, in der alten **Waag** (Nieuwenhuizenplein, April–Sept. tgl. 10–17 Uhr) von 1778 untergebrachten *Käsemuseum*. Auf dem Platz vor dem Gebäude wird in den Sommermonaten Juli und August mittwochs ein **Käsemarkt** (www.edammerkaasmarkt.nl, Mi 10.30–12.30 Uhr) abgehalten, Edams große Touristenattraktion. Dann wird der mit Ruderbooten und Pferdewagen angelieferte Käse mit Hammer und Bohrer geprüft, gewogen und, wenn für gut befunden, per Handschlag verkauft. Besonders fotogen sind die Träger, die nach alter Tradition die Ware auf hölzernen Tragen im Laufschritt zur Waag und zu den Karren der Händler schleppen.

Der Rundgang durch das heute eher verschlafene Städtchen, vorbei an prächtigen alten Giebelhäusern, offenbart, dass Edam einst eine blühende Stadt gewesen sein muss, durch Schiffbau und Käsehandel zu einigem Wohlstand gekommen. Von den einst 30 Werften, auf denen auch Ostindiensegler gezimmert wurden, ist heute allerdings keine mehr erhalten. Der Spaziergang durch die Gassen führt zum 1737 errichteten **Stadhuis** (Damplein 1) mit seinem sehenswerten Ratssaal. Schräg gegenüber, auf der anderen Seite der Damüberwölbung, einer besonders breiten Brücke, befindet sich in einem 1550 erbauten Treppengiebel-

*Käse auf den Markt werfen – der bäuerliche Käsemarkt von Edam, abgehalten im Juli und August, zieht Scharen von Besuchern an*

haus das **Edams Museum** (Damplein 8, April–Okt. Di–Sa 10–16.30, So 13.30–16.30 Uhr). Das Gebäude wartet mit einem seltenen schwimmenden Keller auf, d.h., einem Keller, dessen Holzboden nicht mit dem Untergrund oder den Seitenwänden verbunden ist. Nicht minder kurios sind drei Gemälde mit Edamer ›Originalen‹ aus dem 17. Jh.: dem 2,50 m großen Trijntje Kever, dem 445 Pfund schweren Herbergswirt Jan C. Clees und Pieter Dirksz. Langebaard, dem Leiter des Waisenhauses, der mit seinem mehrere Meter langen Bart durchs Land tingelte, sich bestaunen ließ und dafür Geld für seine Waisenkinder kassierte. Die rechte Seitenstraße führt zur Ecke Breestraat/Eilandsgracht, an der sich das älteste Holzhaus der Stadt erhebt, das **Houten Huis** mit seinen horizontal aufzuklappenden Fensterläden.

Nicht zu überhören ist das viertelstündlich ertönende Glockenspiel vom **Speeltoren**, einem Kirchturm aus dem 15. Jh., der mangels stützender Kirche schon erheblich aus dem Gleichgewicht geraten ist. Das einst dazugehörende Langhaus der *Kleine Kerk* war baufällig und wurde 1882 abgerissen.

### i Praktische Hinweise

#### Information

**VVV Edam**, Damplein 1, Tel. 02 99/31 51 25, Fax 37 42 36, www.vvv-edam.nl

## 76 Volendam, Marken, Monnickendam

*Wo die Zeit stehengeblieben zu sein scheint: Pittoreske Hafenstädtchen am Ufer der einstigen Zuiderzee, einer ehemals offenen, riesigen Nordseebucht, die nach ihrer Eindeichung 1932 in IJsselmeer umbenannt wurde.*

Auf ein Stück Bilderbuch-Holland trifft man in **Volendam** am Markermeer, das früher zur Zuiderzee gehörte. Das Fi-

*Bilderbuch-Holland – das malerische Volendam am Ufer des IJsselmeeres*

scherdorf mit dem malerischen Hafen und den schönen Holzhäusern ist eine der ganz großen Sehenswürdigkeiten des Landes und entsprechend gut besucht. Kleine, von Klappbrücken überspannte Kanäle durchziehen das Dorf, in dem man zahlreiche alte Fischerhäuschen und eine betagte Holzkirche von 1685 besichtigen kann. Zum Kirchgang, besonders aber zu festlichen Anlässen, tragen ältere Bewohner vielfach noch ihre traditionellen Trachten. Das kleine *Volendams Museum* (Zeestraat 41, Tel. 02 99/36 92 58, www.volendamsmuseum.nl, Mitte März–Okt. tgl. 10–17 Uhr) informiert über die Geschichte des Dorfes, das durch die Eindeichung der Zuiderzee starke Verluste im Fischfang hinnehmen musste und heute größtenteils vom Tourismus lebt.

Mit einer Fähre kann man von Volendam aus zu einer kleinen vorgelagerten Halbinsel übersetzen, die 1164 durch die verheerende St. Juliansflut vom Festland abgetrennt und 1957 durch den Bau eines 2 km langen Deichs im Südwesten mit diesem wieder verbunden wurde. Hier bietet das nicht minder malerische Fischerdorf **Marken** mit seinen grün-weiß gestrichenen Holzhäusern, die zum Schutz vor Hochwasser teilweise auf

*Holzhäuser, Kanäle und Hebebrücken, so stellt man sich das ländliche Holland vor – das auf der gleichnamigen Insel im IJsselmeer gelegene Fischerstädtchen Marken*

Pfählen stehen, und dem Hafen einen besonders reizvollen Anblick. Auch hier beleuchtet das kleine *Marker Museum* (Kerkbuurt 44–47, Tel. 02 99/60 19 04, www.markermuseum.nl, April–Okt. Mo–Sa 10–17, So 12–16 Uhr) die alten Zeiten, in denen die Dorfgemeinschaft überwiegend vom Fischfang lebte. An das Fischerdasein erinnern zudem die alten Schiffsmodelle in der Fischerkirche. Ein schöner Spaziergang führt zum Leuchtturm *Het Witte Paard* von 1700 am östlichen Ende der Halbinsel.

Stadtwappen und Name lassen keinen Zweifel daran, wer **Monnickendam** im 12. Jh. gegründet hat, nämlich Mönche. Weit weniger überlaufen als seine Nachbarn, hat sich das südlich von Volendam gelegene Städtchen viel von seinem altholländischen Charme bewahrt. Lange Zeit war Monnickendam einer der bedeutendsten Häfen der Zuiderzee, weithin bekannt für seinen hervorragenden Hering und Räucheraal. Über 50 *Hangen* (Räuchereien) gab es einst im Ort, einige von ihnen existieren noch heute in der Havenstraat. Wer wissen will, wie Fisch geräuchert wird, kann die *Visrokerij* der Gebroeders De Boer besichtigen (Havenstraat 12, Tel. 02 99/65 42 56, Besichtigung auf Anfrage). Eines der ältesten Bauwerke des Städtchens ist die im 15. Jh. errichtete spätgotische *St. Nicolaaskerk*. 1229 Grabplatten aus Naturstein bilden den Boden des Gotteshauses, in dem im Laufe der Jahrhunderte mehrere tausend Menschen beerdigt worden sein sollen. Im Ortszentrum erhebt sich der *Speeltoren* von 1596. Stündlich ertönt sein Glockenspiel aus 18 Glocken. Einige Häuser weiter befindet sich die ehem. Waage (17. Jh.), in der heute das Restaurant *De Waegh* (Middendam 5–7, Tel. 02 99/65 12 41, www.dewaegh.com) holländische und mediterran inspirierte Gerichte serviert.

## 77 Keukenhof

***Blühende Tulpenfelder soweit das Auge reicht.***

Lisse, Stationsweg 166a
Tel. 02 52/46 55 55
www. keukenhof.nl
Mitte März–Ende Mai tgl. 8–19.30 Uhr

Tulpen – die weltberühmten, langstieligen Wahrzeichen der Niederlande. Das größte Anbaugebiet dieser Blumen erstreckt sich in einem **Bollenstreek** genannten Landstrich im Küstenhinterland zwischen *Haarlem* und *Katwijk*. Ab Mitte März verwandelt sich die Landschaft dort in einen riesigen bunten Teppich aus Feldern voller blühender Tulpen, aber auch Narzissen und Hyazinthen. Im Zentrum

### Tulipomanie – Spekulationsobjekt Tulpe

Zwei Grauschimmel, ein neues Fuhrwerk, 4600 Goldgulden und eine komplette Rüstung – das alles gab ein Tulpenliebhaber 1623, um in den Besitz einer einzigen Blumenzwiebel zu gelangen. Gewiss, die **Semper Augustus**, so ihr Name, war eine Rarität, es soll nur zwölf Stück davon gegeben haben, und diese war die vorletzte. Aber für eine schnell vergängliche Blume ein ganzes Vermögen hergeben? Nichts Ungewöhnliches zur damaligen Zeit, als die ganze Nation der Tulipomanie, dem Tulpenwahnsinn, verfallen war.

Im 17. Jh. war die Tulpe, die über die Türkei in die Niederlande gekommen war, ein **Statussymbol** in Amsterdam. Für ausgefallene Sorten wurden unglaubliche Preise gezahlt. Spekulanten, die Tulpen aufkauften und mit Gewinn weiterverkauften, konnten über Nacht ein Vermögen machen. Jedermann, vom Edelmann über den Kaufmann, Handwerker, Kaminkehrer bis hin zum Hausmädchen, geriet in den Sog. Wer über einen Flecken Erde verfügte, zog Tulpen und hoffte, dass wenigstens eine Blume mit besonders schöner Blüte dabei herauskam. In den Jahren 1634–37 schließlich erreichte der **Tulpenwahnsinn** seinen Höhepunkt. Zwiebeln gingen von Spekulant zu Spekulant, ohne jemals aus der Erde zu kommen, oder sie existierten gar nur auf dem Papier. Dann kam der Crash. ›Amateurbörsianer‹, die ihr ganzes Hab und Gut in Tulpen investiert hatten, drängten auf den Markt, der jedoch zu diesem Zeitpunkt bereits gesättigt war, und sie blieben auf ihren Zwiebeln sitzen. Ein wirtschaftliches Chaos brach aus. Der Staat griff ein und stoppte den Wahnsinn. Binnen Stunden stürzten die Preise ins Bodenlose, Tausende waren auf einen Schlag ruiniert. Die Tulpe hatte zu tolle Blüten getrieben.

des Bollenstreek lockt der Keukenhof, der frühere Küchenhof des Landguts der *Gräfin Jacoba von Bayern* (1401–1436), alljährlich Scharen von Besuchern zur weltgrößten Blumenschau mit über 700 verschiedenen Tulpensorten und unzähligen anderen Blumen.

## 78 Aalsmeer

*Hier werden täglich mehr als 20 Mio. Pflanzen versteigert.*

12 km südwestlich von Amsterdam liegt die Kleinstadt Aalsmeer, Blumenzüchtern und -händlern bekannt als weltgrößtes Handelszentrum für Pflanzen. Hier werden nicht nur Tulpen aus Holland versteigert, sondern Schnittblumen und Topfpflanzen aus allen Ländern der Erde. Punkt 6.30 Uhr (Mo–Fr) geht er los, der tägliche Poker um Millionen von Blumen im Pflanzenauktionshaus von **FloraHolland** (Legmeerdijk 313, Tel. 02 97/39 39 39, www.flora.nl), einer Gesellschaft, die 2008 aus dem Zusammenschluss der Versteigerungsunternehmen Bloemenveiling Aalsmeer und FloraHolland hervorging. Ab 7 bis zum Ende um 11 Uhr dürfen dem Spektakel auch Zuschauer beiwohnen. Besonders viel ist an Montagen und Freitagen los, die Donnerstage sind eher ruhig. Hier wird der Zuschlag übrigens nicht mit dem Hammer erteilt, vielmehr

*In Aalsmeer werden täglich Millionen von Blumen versteigert*

erhält ihn derjenige, der im rechten Moment den Knopf drückt.

Das System ist eigentlich ganz einfach. In den fünf Auktionshallen sitzen die Käufer, vom Großhändler bis zum einfachen Straßenverkäufer, wie Studenten in einem Hörsaal. Vor ihnen auf dem Platz ist jeweils ein Knopf angebracht. Wenn der Auktionator die Ware vorgestellt und den Preis genannt hat, läuft eine Uhr vom Höchstpreis rückwärts gegen Null. Wer die Auktionsuhr durch Knopfdruck stoppt, bekommt den Zuschlag. Dabei sind gute Nerven gefragt – denn wer zu früh drückt, zahlt einen höheren Preis, wer zu lange zögert, muss zusehen, wie die Konkurrenz den Deal macht. Das System gibt es nun schon seit 1928, und es hat sich bewährt. In den verschiedenen Zentren von FloraHolland werden täglich 125 000 Auktionen durchgeführt, d. h. 12 Mrd. Schnittblumen und über eine halbe Mrd. Topf- und Gartenpflanzen pro Jahr.

## 79 Haarlem

*Provinzhauptstadt mit gut erhaltenem mittelalterlichen Zentrum.*

Weite Blumenfelder umgeben Haarlem (150 000 Einw.), die Hauptstadt der Provinz Noordholland. Handel, die Herstellung von Leinen und die Blumenzucht

brachten der Stadt im Goldenen Jahrhundert eine wirtschaftliche und kulturelle Blüte. Noch heute lässt sich der damalige Wohlstand an etlichen historischen Bauwerken ablesen, von denen einige am Grote Markt, einst Turnierplatz, später Markt, versammelt sind.

Mit ihrem 80 m hohen Vierungsturm überragt die **St. Bavokerk** 1 (Mo–Sa 10–16 Uhr), die auch Grote Kerk genannt wird, alle anderen Gebäude am Grote Markt. Das Innere der spätgotischen Kreuzbasilika, deren Bau sich vom 14. bis ins 16. Jh. hingezogen hatte, beeindruckt durch seine sehenswerte Ausstattung, darunter ein kupfernes Chorpult (1499), eine Chorschranke aus Messing (1509–17), ein geschnitztes Chorgestühl (1512) und die von Christian Müller 1732 fertiggestellte Barockorgel. Ihre 4295 Pfeifen haben schon Mozart, Schubert, Händel und Liszt erklingen lassen. Im Chorbereich befindet sich das Grab des bedeutenden Malers *Frans Hals* (1581/85–1666), der lange Zeit in Haarlem gelebt hatte. Ihm ist auch das in einem ehemaligen Altmännerstift im Süden der Stadt untergebrachte **Frans Hals Museum** 2 (Groot Heiligland 62, Tel. 023/511 57 75, www.franshalsmuseum.nl, Di–Sa 11–17, So 12–17 Uhr) gewidmet. Glanzstücke der Gemäldesammlung, eine der bedeutendsten der gesamten Niederlande, sind die Gruppenporträts von Hals, z. B. ›Festmahl der Offiziere der St. Georgsschützen‹ (1616) oder ›Die Vorsteher des St.-Elisabeth-Krankenhauses in Haarlem‹ (um 1641). Es sind aber auch andere bedeutende niederländische Meister des 17. Jh. vertreten wie der

**Oben:** *Auch ohne Teleskop kann man diesen wahrhaft schönen Sternenhimmel der St. Bavokerk in Haarlem bewundern*
**Unten:** *Schnell noch ein Erinnerungsgemälde, bevor der Festschmaus beginnt – ›Festmahl der Offiziere der St. Georgsschützen‹ von Frans Hals*

Genremaler *Adriaen van Ostade* und der Landschaftsmaler *Jacob van Ruisdael*.

An der Nordseite der Grote Kerk liegt die **Vishal** 3 (Fischhalle) von 1605 und nur wenige Schritte entfernt die 1603 im Renaissancestil erbaute **Vleeshal** (Fleischhalle), deren figürliche Verzierungen mit Rinderköpfen keinen Zweifel an ihrer einstigen Funktion lassen. Heute wird sie zusammen mit der Verweyhal (1879–80) vom Frans Hals Museum unter dem Namen **De Hallen** 4 (Grote Markt 16, www.dehallenhaarlem.nl, Di–Sa 11–17, So 12–17 Uhr) für interessante Wechselausstellungen genutzt.

Im Westen begrenzt das **Stadhuis** 5, einst Jagdschloss der Grafen von Holland, den Marktplatz. Seine ältesten Bauteile stammen aus dem 14. Jh. 1633 erhielt das heutige Rathaus seine Renaissancefassade. Der schlanke Turm, der schon kurz nach Fertigstellung aufgrund von statischen Problemen abgerissen werden musste, wurde 1913 nach alten Zeichnungen rekonstruiert. Direkt daneben erhebt sich mit der **Hoofdwacht** 6, der Hauptwache, eines der ältesten Gebäude der Stadt aus dem 13. Jh. Zunächst diente es der Schützengilde als Wache, später eine Zeit lang als Rathaus.

An der vom Grote Markt abzweigenden Barteljorisstraat kann das **Corrie ten Boom Huis** 7 (Nr. 19, www.corrietenboom.nl, April–Okt. Di–Sa 10–15.30 Uhr, Nov.–März Di–Sa 11–14.30 Uhr) besichtigt werden. In den Jahren der deutschen Besatzung hat die Familie Ten Boom in ihrem Wohnhaus zahlreichen Verfolgten Unterschlupf geboten. Heute ist hier ein Museum eingerichtet, das anhand von Dokumenten, Fotos und Hausrat die Erinnerung an diese Zeit wachhält. Eindrucksvoll ist vor allem die Besichtigung der engen Geheimkammer.

Im Osten des Grote Markt, am Flüsschen Spaarne, liegen die 1595 erbaute **Waag** 8 und direkt daneben das **Teylers Museum** 9 (Spaarne 16, Tel. 023/516 09 60, www.teylersmuseum.nl, Di–Sa 10–17, So 12–17 Uhr), das älteste Museum der Niederlande. Der sehr vermögende *Pieter Teyler van der Hulst*, von Beruf Seidenhändler, war ein Universalsammler. Neben Fossilien, Gedenkmünzen, Mineralien, naturwissenschaftlichen Apparaten und anderem trug er eine erlesene Auswahl an Kupferstichen und Zeichnungen von Raffael bis Rembrandt zusammen.

## i Praktische Hinweise

### Information

**VVV Haarlem**, Stationsplein 1, Tel. 09 00/616 16 00, Fax 023/534 05 37, www.vvvzk.nl

# 80 Zandvoort

*Schwimmen, planschen und Sonne tanken an der Nordsee.*

Wenn im Sommer die Sonne scheint, sind die Amsterdamer nicht mehr aufzuhalten und pilgern scharenweise nach

*Der längste Strand der Niederlande – der Badeort Zandvoort, nur etwa 25 km westlich von Amsterdam gelegen, ist das beliebteste Baderevier der Hauptstädter*

*Die Weite der holländischen Landschaft kann man in dem nördlich von Zandvoort gelegenen Nationalpark Zuid-Kennemerland genießen*

Zandvoort, dem beliebtesten Badeort der Niederlande mit seinem fast 9 km langen Sandstrand. Neben dem Sonnenbaden verspricht eine ganze Reihe von Freizeiteinrichtungen Abwechslung. Im *Circus Zandvoort* (Gasthuisplein 5, Tel. 023/571 86 86, www.circuszandvoort.nl, tgl. 10–2 Uhr), einem Vergnügungszentrum mit Spielautomaten und stilvollem Filmtheater, ist Kurzweil angesagt. Und auf dem *Circuit Park Zandvoort*, der 4,2 km langen Rennpiste gleich hinter den Dünen, werden Auto- und Motorradrennen ausgetragen. Besucher können auch beim Training zuschauen oder zu bestimmten Zeiten im eigenen Auto selbst ein paar Runden drehen. Schließlich kann man im *Spielkasino* (Badhuisplein 7, Tel. 023/574 05 74, www.hollandcasino.nl, tgl. 12.30–3 Uhr) sein Glück versuchen.

## 81 Nationaalpark Zuid-Kennemerland

***Die Dünenlandschaft vor den Toren Zandvoorts bietet viele Ausflugsmöglichkeiten für Spaziergänger und Radfahrer.***

Wer dem Rummel von Zandvoort für eine Weile entfliehen möchte, findet im nördlich des Badeortes gelegenen Nationaalpark Zuid-Kennemerland einen ruhigen Flecken Natur. Autos sind in dem über 2500 ha großen Gebiet nicht zugelassen, man kann das Gelände nur mit dem *Fietse*, zu Fuß oder auf dem Rücken eines Pferdes durchstreifen.

In den überwiegend ›jungen‹, hier und dort von kleinen Seen und Tümpeln durchsetzten Dünen, die allerdings auch schon einige tausend Jahre auf Wanderschaft sind, sagen sich Fuchs und Hase Gute Nacht, aber auch Rehe und Fledermäuse sind hier heimisch. Die Anwesenheit einer großen Zahl verschiedener Spezies von Schmetterlingen, Libellen und Singvögeln zeugt von einer reichen Flora, aber auch für den Bussard gibt der Park einiges her.

Im Besucherzentrum **Duincentrum De Zandwaaier** (Overveen, Zeeweg, Tel. 023/541 11 23, www.npzk.nl, April–Okt. Di–So 10–17, sonst 12–17 Uhr) werden mehrere Ausstellungen, ein Film und umfangreiches Informationsmaterial angeboten. Sie vermitteln alles Wissenswerte über die Natur und wie man sie am besten erkundet.

LUNCH

ZONNEBLOEM

# Amsterdam aktuell A bis Z

## Vor Reiseantritt

**ADAC Info-Service:**
Tel. 018 05/10 11 12, Fax 018 05/30 29 28 (0,14 €/Min.)

Unter dieser Telefon- bzw. Faxnummer oder bei den ADAC-Geschäftsstellen können ADAC-Mitglieder auch kostenlos umfangreiches **Informations-** und **Kartenmaterial** anfordern. Außerdem ist im ADAC Verlag der Reiseführer *Niederlande* erschienen.

**ADAC im Internet:**
www.adac.de
www.adac.de/reisefuehrer

**Amsterdam im Internet:**
www.amsterdamtourist.nl

Deutsche, Österreicher und Schweizer erhalten telefonische Auskünfte und können Prospektmaterial anfordern bei:

**Niederländisches Büro für Tourismus & Convention,**
Postfach 27 05 80,
50511 Köln,
Tel. 02 21/925 71 70, Fax 02 21/92 57 17 37
(Mo–Fr 9–12.30 und 13.30–17 Uhr),
www.niederlande.de

## Allgemeine Informationen

### Reisedokumente

Reisepass oder Personalausweis (mind. 3 Monate gültig), Kinder unter 16 Jahren Kinderausweis, Reisepass oder Eintrag im Pass der Eltern.

### Kfz-Papiere

Nötig sind nationaler Führerschein und Zulassungsbescheinigung Teil 1 (vormals Fahrzeugschein), die Internationale Grüne Versicherungskarte wird empfohlen.

### Krankenversicherung und Impfungen

Seit dem 2006 ist die Europäische Krankenversicherungskarte in die übliche Versicherungskarte integriert. Sie wird in ganz EU-Europa anerkannt und garantiert die medizinische Versorgung. Sicherheitshalber empfiehlt sich jedoch der Abschluss einer zusätzlichen Reisekranken- und Rückholversicherung.

### Hund und Katze

Ein EU-Heimtierausweis mit gültiger Tollwutimpfung (mind. 30 Tage und max. 12 Monate alt) sowie eine Identitätskennung durch Mikrochip oder Tätowierung ist erforderlich. Bis zum Jahr 2011 gelten Übergangsregelungen.

### Zollbestimmungen

Reisebedarf für den persönlichen Gebrauch darf innerhalb der EU abgabenfrei eingeführt werden. Richtmengen für den Privatreisenden: 800 Zigaretten, 400 Zigarillos, 200 Zigarren, 1 kg Tabak, 10 l Spirituosen, 20 l Zwischenerzeugnisse, 90 l Wein (davon maximal 60 l Schaumwein), 110 l Bier.

Bei Reisen von Drittländern (Schweiz) dürfen zollfrei 1 Stange Zigaretten, 1 l Spirituosen über 22 % oder 2 l Spirituosen unter 22 %, 50 ml Parfum, 250 ml Eau de Toilette, 500 g Kaffee und 100 g Tee mitgeführt werden.

### Geld

Die gängigen *Kreditkarten* werden in Banken, Hotels und vielen Geschäften akzeptiert. An zahlreichen *EC-Geldautomaten* (*Chipknip, Geldautomaat*) kann man rund um die Uhr Geld abheben. Auch mit der *Postbank SparCard* erhält man an VISA-PLUS-Automaten rund um die Uhr Geld.

### Tourismusämter im Land

**VVV Amsterdam Tourist Office,**
Postbus 3901, NL-1001 AS Amsterdam,
Tel. 09 00/400 40 40 (nur im Land wählbar, gebührenpflichtig),
Tel. 020/551 25 25, Fax 020/625 28 69
(Mo–Fr 9–17 Uhr)

Zweigstellen: Stationsplein 10 (vor dem Hauptbahnhof, tgl. 8–21 Uhr). – Im Hauptbahnhof, Gleis 2 b (Mo–Mi 9–20, Do–Sa 9–21, So 9–18 Uhr). – Leidseplein-Stadhouderskade (weißer Kiosk, tgl. 9–17 Uhr). – Flughafen Schiphol (tgl. 7–22 Uhr)

### Notrufnummern

**Einheitlicher Notruf:** Tel. 112 (EU-weit, auch mobil: Polizei, Unfallrettung, Feuerwehr)

**Pannenhilfe des niederländischen Automobilclubs ANWB** (Algemene Nederlandse Wielrijderbond): Tel. 08 00/08 88 (rund um die Uhr)

**ADAC-Notruf Niederlande** (Assen): Tel. 05 92/39 05 60 (rund um die Uhr)

**ADAC-Notrufzentrale München:** Tel. 00 49/89/22 22 22 (rund um die Uhr)

**ADAC-Ambulanzdienst München:** Tel. 00 49/89/76 76 76 (rund um die Uhr)

*Österreichischer Automobil Motorrad und Touring Club*
**ÖAMTC Schutzbrief-Nothilfe:**
Tel. 00 43/(0)1/251 20 00

*Touring Club Schweiz*
**TCS Zentrale Hilfsstelle:**
Tel. 00 41/(0)224 17 22 20

### Fundbüros

**Bureau Gevonden Voorwerpen**, Stephenson Straat 18, Tel. 020/559 30 05

**GVB** (für Tram, Bus, Metro): Prins Hendrikkade 108, Tel. 09 00/80 11 (nur im Land)

**Eisenbahn**: an allen Ticketschaltern

### Diplomatische Vertretungen

*Deutschland*
Generalkonsulat, Honthorststraat 36–38, 1071 DG Amsterdam, Tel. 020/574 77 00, Fax 020/676 69 51

*Österreich*
Honorargeneralkonsulat, c/o Fresacher Advocaten, Officia I, De Boelelaan 7, 1083 HJ Amsterdam, Tel. 020/471 24 38, Fax 020/471 24 39

*Schweiz*
Generalkonsulat zzt. vakant; Anfragen an die Schweizerische Botschaft in Den Haag, Tel. 070/364 28 31/32, Fax 070/356 12 38

### Besondere Verkehrsbestimmungen

**Tempolimits** (in km/h): Für Pkw, Motorräder und Wohnmobile bis 3,5 t gilt innerorts 50, außerorts 80, auf Schnellstraßen 100, auf Autobahnen 120. Für Wohnmobile über 3,5 t außerorts 80, auch auf Autobahnen.

Bei Kreuzungen ohne Vorfahrtsregelung hat die Straßenbahn immer Vorrang. Das Parken an gelben Bordsteinkanten ist verboten.
Die **Promillegrenze** liegt bei 0,5.

## Anreise

### Auto

Für alle, die aus Norddeutschland anreisen, bietet sich die E 22 über Hamburg, Bremen und Groningen an. Von Berlin aus führt die E 30 direkt nach Amsterdam, aus dem Ruhrgebiet die E 35. Autofahrer aus dem Rhein-Main-Gebiet können die E 31 nehmen. Reisende aus Süd-bzw. Südwestdeutschland und der Schweiz nehmen die E 25 ab Basel, Reisende aus Österreich die E 52 ab Salzburg über München.

Tankstellen in den Niederlanden sind in der Regel tgl. 8–20 Uhr geöffnet. Entlang der Autobahnen sind sie entweder rund um die Uhr offen oder verfügen über Tankautomaten, an denen mit Euro-Scheinen bezahlen werden kann. An den meisten Tankstellen werden auch Kreditkarten akzeptiert.

### Bahn und Autoreisezug

Durchgehende Verbindungen nach Amsterdam, zum Hauptbahnhof Centraal Station, bestehen mehrmals täglich mit dem EC aus Köln, Hannover und Berlin sowie mit einem Nachtzug aus München. Aus Österreich und der Schweiz erreicht man die niederländische Hauptstadt nur mit Umsteigen.

**Fahrplanauskunft:**

*Deutschland*
**Deutsche Bahn**, Tel. 118 61 (gebührenpflichtig), 08 00/150 70 90 (sprachgesteuert), www.bahn.de

*Österreich*
**Österreichische Bundesbahn**, Tel. 05 17 17, www.oebb.at

*Schweiz*
**Schweizerische Bundesbahnen**, Tel. 09 00/30 03 00, www.sbb.ch

*Niederlande*
**Nederlandse Spoorwegen**, Tel. 09 00/92 92 (nur im Land wählbar), Tel. 09 00/202 11 63 (Customer Service), www.ns.nl

### Bus

Von zahlreichen deutschen Städten verkehren Europabusse nach Amsterdam

*In der Nieuwe Spiegelstraat findet man etliche Antiquitätenläden*

Zentrale Reservierungsstelle:
**Deutsche Touring GmbH**,
Am Römerhof 17, 60486 Frankfurt/Main, Tel. 069/790 35 01,
www.touring.de

### Flugzeug

Der internationale **Airport Schiphol**, 18 km südwestlich von Amsterdam gelegen, wird täglich von den wichtigsten deutschen, österreichischen und Schweizer Flughäfen aus angeflogen.

Ein Schnellzug verkehrt alle 20 Minuten zwischen Schiphol und der Centraal Station. Große Hotels werden im 30-Min.-Takt vom KLM-Shuttlebus angefahren.

**Auskunft:** Tel. 020/794 08 00 (außerhalb der NL), Tel. 09 00/01 41 (innerhalb der NL, 0,40 €/Min.), www.schiphol.nl

## Bank, Post, Telefon

### Bank

Banken öffnen Mo–Fr von 9–16 Uhr, im Hauptbahnhof rund um die Uhr.

### Post

Postämter, gekennzeichnet durch das Schild **PTT**, sind in der Regel Mo–Fr 9–18 Uhr, Sa 10-13.30 Uhr geöffnet.

### Telefon

**Internationale Vorwahlen:**

Niederlande 00 31
Deutschland 00 49
Österreich 00 43
Schweiz 00 41

Es folgt die Ortsvorwahl (Schweiz: Rufnummer) ohne die Null.

Telefonnummern mit der Vorwahl 09 00 können nur innerhalb der Niederlande angerufen werden.

**Vorwahl Amsterdam:** 020

Die meisten Telefonzellen in Amsterdam sind nur noch für Telefonkarten, *Telecard*, eingerichtet, die man in Postämtern, Kiosken und VVV-Büros erhält.

Nationale Auskunft: Tel. 09 00/80 08,
Internationale Auskunft: Tel. 09 00/04 18

Die Benutzung handelsüblicher **GSM-Mobiltelefone** ist in den gesamten Niederlanden möglich.

## Einkaufen

Geschäfte und Supermärkte sind in der Regel Mo–Fr 9–18 Uhr geöffnet, Do bis 21, Sa 9–17, So 12–17 Uhr. Viele Läden sind Montagvormittag geschlossen.

### Antiquitäten

Zahlreiche Antiquitätenläden liegen in der Spiegelstraat, Nieuwe Spiegelstraat, Kerkstraat und am Rokin.

**Decorativa**, Nieuwe Spiegelstraat 9 A, Tel. 020/320 10 93. Antiquitäten und Kunstgewerbe aus ganz Europa.

**De Looier**, Elandsgracht 109, Tel. 020/624 90 38, www.looier.com. Größtes Indoor-Antiquitätenzentrum der Niederlande.

**Heinen Delft Shop**, Muntplein 12 (Munttoren), Tel. 020/623 22 71, www.jorritheinen.com. Delfter Fayencen, Porzellan und Fliesen.

**Kramer**, Nieuwe Spiegelstraat 64, Tel. 020/623 08 32, www.antique-tileshop.nl. Große Auswahl an alten und neuen holländischen Fliesen.

**Pakhuis Amerika**, Herrengracht 235, Tel. 020/420 41 37. Secondhand aus den USA.

**Van Dreven Antiquair**, Nieuwe Spiegelstraat 38, Tel. 020/428 84 42. Uhren und Spieldosen.

## Auktionshäuser

**Christie's**, Cornelis Schuytstraat 57, Tel. 020/575 52 55, Mo–Fr 9–17.30 Uhr, www.christies.com

**Sotheby's**, De Boelelaan 30, Tel. 020/550 22 00, Mo–Fr 9–17 Uhr, www.sothebys.com

## Ausgefallenes

**Art Unlimited**, Keizersgracht 510, www.artunlimited.com. Riesige Auswahl an Kunstkarten und Postern aus aller Welt.

*Aus einem Stück – Werkstatt, in denen ›Klompen‹, die typischen holländischen Holzschuhe gefertigt werden*

**Blue Note Jazz CD Zaak**, Gravenstraat 12, Tel. 020/428 10 29. Gutes Angebot an Jazz und mehr.

**Christmas Palace**, Singel 508–510, Tel. 020/421 01 55, www.christmas-palace.com. Weihnachten, das ganze Jahr über.

**De Klompenboer**, Sint Antoniesbreestraat 39–51, Tel. 020/427 38 62. Hier werden die Klompen, die echten holländischen Holzschuhe, nach Maß geschnitzt.

**De Petsalon**, Hazenstraat 3, Tel. 020/624 73 85, www.petsalon.nl. Hüte aller Art.

**Gone with the Wind**, Vijzelstraat 22, Tel. 020/423 02 30, www.gonewind-mobiles.com. Mobiles, ausgefallene Wohnungsdekoration, Holzspielzeug.

## Bücher

**Au Bout du Monde**, Singel 313, Tel. 020/625 13 97, www.auboutdumonde.nl. Esoterik, Philosophie, alternative Medizin.

**Computercollectief**, Amstel 312, Tel. 020/638 90 03, www.comcol.nl. Computerbücher und -zeitschriften, Software.

**Geografische Boekhandel Pied a Terre**, Overtoom 135–137, Tel. 020/612 23 14, www.jvw.nl. Reiseführer und Karten.

**Lambiek**, Kerkstraat 132, Tel. 020/626 75 43, www.lambiek.net. Comics und Cartoons aus aller Welt.

**Scheltema**, Koningsplein 20, Tel. 020/523 14 11, www.selexyz.nl. Größter Buchladen der Stadt auf sieben Etagen.

**The American Book Center**, Spui 12, Tel. 020/625 55 37, www.abc.nl. Bücher in englischer Sprache aus USA und UK.

**The English Bookshop**, Lauriergracht 71, Tel. 020/626 42 30, www.englishbookshop.nl. Englischsprachige Literatur.

## Delikatessen

**Geels & Co Koffiebranderij en Theehandel**, Warmoesstraat 67, Tel. 020/624 06 83, www.geels.nl. Alteingesessene Rösterei mit Atmosphäre und kleinem Museum in der 1. Etage.

**Pompadour**, Huidenstraat 12, Tel. 020/623 95 54. Hausgemachte Pralinen, die im Café direkt genascht werden können.

**Slijterij-Wijnhandel Boorsma**, Ferdinand Bolstraat 112, Tel. 020/679 33 04, www.werelddranken.nl. Jenever und anderes Hochprozentiges.

**Wout Arxhoek**, Damstraat 17–19, Tel. 020/622 91 18. Große Auswahl an Käse.

### Diamanten

Führungen, Demonstrationen, Verkauf:

**Amsterdam Diamond Center**, Rokin 1–5, Tel. 020/624 57 87, www.amsterdamdiamondcenter.com, tgl. 10–18, Do bis 20.30 Uhr

**Coster Diamonds**, Paulus Potterstraat 2–6, Tel. 020/305 55 55, www.costerdiamonds.com, tgl. 9–17 Uhr

**Gassan Diamonds**, Nieuwe Uilenburgerstraat 173–175, Tel. 020/622 53 33, www.gassandiamonds.nl, tgl. 9–17 Uhr

### Haute Couture

Exklusive Geschäfte bekannter Modedesigner findet man in der **P. C. Hooftstraat** und **Van Baerlestraat** im Museumsviertel sowie in der Nähe des Concertgebouw.

### Kaufhäuser

**Bijenkorf**, Dam 1. Das älteste und größte Kaufhaus der Stadt lockt mit einem Riesenangebot [s. Nr. 10].

**De Kalvertoren**, Kalverstraat/Singel 457. Einkaufszentrum mit fast 50, teils exklusiven Läden sowie einigen netten Lokalen. Das Dachcafé bietet einen herrlichen Panoramablick.

**Magna Plaza**, Nieuwezijds Voorburgwal 182. Das luxuriöseste Shoppingcenter der Stadt mit Geschäften und Bistros auf vier Etagen im neogotischen Gebäude der ehemaligen Hauptpost [s. Nr. 6].

**Metz & Co.**, Leidsestraat 34–36. Dekorations- und Einrichtungsgegenstände, Kleidung und alles, was in das Sortiment eines Kaufhauses gehört. Das von Gerrit Rietveld gestaltete Café mit Glaskuppel lohnt wegen des schönen Ausblicks auf die Altstadt einen Besuch.

### Märkte

**Albert Cuyp Markt**, Albert Cuypstraat, Mo–Sa 10–18 Uhr. Der größte Markt der Stadt führt Kleider, Schuhe, Gemüse, Fleisch, Fisch und alles andere [s. Nr. 59].

**Bloemenmarkt**, Singel, nahe Muntplein, tgl. ca. 10–17 Uhr. Schwimmender Blumenmarkt [s. Nr. 15].

**Boerenmarkt**, an der Noorderkerk, www.boerenmarktamsterdam.nl, Sa 9–16 Uhr. Biobauern-Markt.

**Waterloopleinmarkt**, Waterlooplein, Mo–Sa 9–17 Uhr. Großer Flohmarkt an der Stopera.

## Essen und Trinken

Ein Hinweis vorab: Seit 1. Juli 2008 darf in Restaurants, Cafés und Bars nicht mehr geraucht werden.

Einfach und schlicht hatte zu sein, was im calvinistischen Norden der Niederlande jahrhundertelang auf den Tisch kam, etwa *Erwtensoep* (Erbseneintopf), *Hutspot* (Gemüsebrei mit Fleischeinlage) und *Stamppot* (Kartoffel-Gemüsebrei mit Wurst oder Schweinebauch). Heute bereichern die Kochkünste vieler Nationen die Speisekarten Amsterdamer Restaurants. Aber auch die verfeinerte niederländische Küche hat ihren Platz und bietet verwöhnten Gaumen Abwechslung.

### Restaurants

*Niederländisch*

**De Keuken van 1870**, Spuistraat 4, Tel. 020/620 40 18. Gutes und preiswertes Essen in einem Restaurant, das aus der Arbeiterwohlfahrt hervorging.

TOP TIPP **D'Vijff Vlieghen**, Spuistraat 294–302, Tel. 020/530 40 60, www.thefiveflies.com. Acht gemütliche Speiseräume in fünf historischen Grachtenhäusern. Kunst an den Wänden, Hausmannskost und Nouvelle Cuisine auf den Tellern.

TOP TIPP **Haesje Claes**, Spuistraat 273–275, Tel. 020/624 99 98, www.haesjeclaes.nl. Internationale und niederländische Spezialitäten in gesellig-altholländischer Atmosphäre.

**Halvemaan**, Van Leijenberghlaan 320, Tel. 020/644 03 48, www.halvemaan.nl. Die Küche ist berühmt für ihre Originalität, die sich eigentlich jeder Einordnung verweigert. Qualität hat hier aber ihren (hohen) Preis.

**Piet de Leeuw**, Noorderstraat 11, Tel. 020/623 71 81, www.pietdeleeuw.nl. Gute Steaks, typisch Amsterdamer Atmosphäre am Rembrandtplein.

*Afrikanisch und Arabisch*

**Kilimanjaro**, Rapenburgerplein 6, Tel. 020/622 34 85. Köstliche Spezialitäten aus verschiedenen afrikanischen Ländern (Mo geschl.).

**Marrakech**, Nieuwezijds Voorburgwal 134, Tel. 020/623 50 03. Arabische Küche, gut und preiswert. Couscous sowie eine große Auswahl an ausgezeichneten vegetarischen Gerichten.

*Ein Tempel für die chinesische Küche, das Restaurant Sea Palace am Oosterdok*

*Chinesisch*

**Oriental City**, Oudezijds Voorburgwal 177, Tel. 020/626 83 52. Großes Chinarestaurant, beliebt auch insbesondere bei den Amsterdamer Asiaten.

TOP TIPP **Sea Palace**, Oosterdokskade 8, Tel. 020/626 47 77, www.seapalace.nl. Chinesisch-kantonesische Spezialitäten in Europas einzigem schwimmenden Restaurant, das am Oosterdok vor Anker liegt.

*Fisch*

**Castell Bar-beque**, Lijnbaangracht 252–254, Tel. 020/622 86 06, www.castellamsterdam.nl. Spareribs und Fisch am Leidseplein, schöne Terrasse.

**Le Pêcheur**, Reguliersdwarsstraat 32, Tel. 020/624 31 21, www.lepecheur.nl. Hervorragende Fischgerichte in einem stilvoll eingerichteten ehem. Kutschenhaus oder draußen im Garten (So geschl.).

**Lucius**, Spuistraat 247, Tel. 020/624 18 31, www.lucius.nl. Frische Meeresfischgerichte in Bistro-Atmosphäre.

**Sluizer**, Utrechtsestraat 41–45, Tel. 020/622 63 76, www.sluizer.nl. Art-déco-Lokal mit großer Auswahl an Fischgerichten.

**Zuid Zeeland**, Herengracht 413, Tel. 020/624 31 54, www.zuidzeeland.nl. Nordseefisch, Meeresfrüchte und niederländische Küche.

*Französisch*

**Brasserie van Baerle**, Van Baerlestraat 158, Tel. 020/679 15 32, www.brasserievanbaerle.nl. Von Feinschmeckern geschätzte Speisen und vorzügliche Weine.

**Van Vlaanderen**, Weteringschans 175 (Rembrandplein), Tel. 020/622 82 92. Stilvolles Spitzenrestaurant (So/Mo geschl.).

*Indisch*

**Himalaya**, Haarlemmerstraat 11, Tel. 020/622 37 76. Eine große Auswahl an Spezialitäten aus dem Pandschab.

**Mayur**, Korte Leidsedwarsstraat 203, Tel. 020/623 21 42. Kochkunst nach der Moghul-Tradition Nordindiens, zahlreiche Tandoori-Gerichte und Vegetarisches.

**Guru of India**, Lange Leidsedwarsstraat 56, Tel. 020/624 69 66, www.guruofindia.nl. Hervorragende Tandoori-Gerichte und ausgezeichnete Curry-Speisen.

*Indonesisch*

**Bojo**, Lange Leidsedwarsstraat 49, Tel. 020/626 89 90. Das beliebte kleine, mit Rattanmöbeln eingerichtete Restaurant ist preiswert und gut.

**Puri Mas**, Lange Leidsedwarsstraat 37–41, Tel. 020/627 76 27. Hervorragende Reistafel und zahlreiche vegetarische Gerichte zu mittleren Preisen.

TOP TIPP **Sama Sebo**, P. C. Hooftstraat 27, Tel. 020/662 81 46, www.samasebo.nl. Hervorragende indonesische Küche. Spezialität des beliebten Restaurants: Reistafel, Reis mit verschiedenen warmen Fleisch- und Gemüsespeisen (So geschl.).

*Italienisch*

**Casa di David**, Singel 426, Tel. 020/ 624 50 93, www.casadidavid.com. Preiswertes Restaurant mit vorzüglicher Pasta sowie Pizza aus dem Holzofen.

**L'Angoletto**, Hemonystraat 18, Tel. 020/ 676 41 82. Pizza, Risotto und Antipasta nach süditalienischen Rezepten im Stadttteil de Pijp.

**Piccolino**, Lange Leidsedwarsstraat 63, Tel. 020/623 14 95, www.ristorantepicco lino.nl. Beliebte Pizzeria und Restaurant.

**Toscanini**, Lindengracht 75, Tel. 020/ 623 28 13. Modernes, helles Lokal, die Speisen sind überdurchschnittlich.

*Japanisch*

**Kaiko**, Jekerstraat 114, Tel. 020/662 56 41 Japanische Sushi-Bar (Do, So geschl.).

**Yamazato Restaurant**, im Hotel Okura, Ferdinand Bolstraat 333, Tel. 020/678 71 11. Das beste – und womöglich auch teuerste – japanische Restaurant der Stadt.

*Mexikanisch*

**Pacifico**, Warmoesstraat 31, Tel. 020/ 624 29 11. Eines der besten mexikanischen Restaurants der Stadt.

**Rose's Cantina**, Reguliersdwarsstraat 38–40, Tel. 020/625 97 97. Sehr beliebtes, meist überfülltes Lokal mit guter texanisch-mexikanischer Küche.

*Surinamisch*

Exotisches aus Surinam, dem kleinsten Land Südamerikas, das seit 1975 von den Niederlanden unabhängig ist, findet man in den Straßen rund um den Albert Cuyp Markt. Die Restaurants sind meist klein doch tauchen in den Hitlisten immer wieder die Folgenden auf: Das **Chris** (Bloemstraat 42, www.cafechris.nl) besteht schon seit 1624. Als wenige Jahre später der Turm der Westerkerk gebaut wurde, erhielten die Arbeiter ihren Lohn in der Kneipe ausbezahlt. Wie im 17. Jh., als hauptsächlich Seeleute im **Karpershoek** (Martelaarsgracht 2) einkehrten, ist der Boden dieses Lokals noch heute mit Sand bestreut, ebenso im **De Pilsener Club** (Begijnensteeg 4). Da das **Hoppe** (Spui 18–20), anno 1670, an Sommerabenden meist restlos überfüllt ist, muss ein Großteil der Gäste auf die Terrasse ausweichen und das Bier im Stehen trinken.

## Bruine Cafés – Braune Kneipen

Braun von der einst nikotingeschwängerten Luft, mindestens 100 Jahre alt, keine Musik und ein Wirt, der gekonnt einschenkt, anstatt viel zu reden – das sind Kriterien für ein ›echtes‹ **Bruin Café** (Braune Kneipe). Etwa 1500 dieser Lokale gibt es in der ganzen Stadt, von den stets überfüllten Szenetreffs bis zu jenen Stammkneipen, in denen sich immer nur dieselbe Hand voll Nachbarn trifft, um bei Bier und Klaverjassen, der niederländischen Variante von Skat, **Gezelligheid** zu genießen.

Selbstredend hat jeder Amsterdamer Kneipengänger seine individuellen Top Ten unter den Bruine Cafés, doch tauchen in den Hitlisten immer wieder die Folgenden auf: Das **Chris** (Bloemstraat 42, www.cafechris.nl) besteht schon seit 1624. Als wenige Jahre später der Turm der Westerkerk gebaut wurde, erhielten die Arbeiter ihren Lohn in der Kneipe ausbezahlt. Wie im 17. Jh., als hauptsächlich Seeleute im **Karpershoek** (Martelaarsgracht 2) einkehrten, ist der Boden dieses Lokals noch heute mit Sand bestreut, ebenso im **De Pilsener Club** (Begijnensteeg 4). Da das **Hoppe** (Spui 18–20), anno 1670, an Sommerabenden meist restlos überfüllt ist, muss ein Großteil der Gäste auf die Terrasse ausweichen und das Bier im Stehen trinken.

Dass, wie immer wieder einmal gerne behauptet wird, der berühmte Seeheld Piet Heyn [s. S. 85] häufig in das **De Druif** (Rapenburgerplein 83) einkehrte, ist eine Mär, er war schon verstorben, als die Kneipe 1631 aufmachte. Im **Welling** (Jan Willem Brouwerstraat 32) dreht sich alles um Literatur. **In de Wildeman** (Kolksteeg 3–5), der in einer historischen Schnapsbrennerei untergebrachten Probierstube, werden rund 150 verschiedene Biere ausgeschenkt. **De Admiraal** (Herengracht 319) zählt zu den Kneipen mit vornehmem Ambiente. Mit kaum 18 $m^2$ ist das **'t Doktertje** (Rozenboomsteeg 4) ziemlich klein. Ob in der 1798 eröffneten Kneipe auch fromme Beginen des nahen Begijnhof ›Medizin‹ zu sich nahmen, ist nicht überliefert.

und bieten vorwiegend Speisen zum Mitnehmen, in einigen sind aber auch Tische aufgestellt.

**Albina Eethuis**, Albert Cuypstraat 69, Tel. 020/675 51 35

**Albert Cuyp 67**, Albert Cuypstraat 67, Tel. 020/671 13 96

**Warung Marlon**, 1e van der Helststraat 55, Tel. 020/671 15 26

**Warung Swietje**, 1e Sweelinckstraat 1, Tel. 020/671 58 33

**Warung Swietje Surinaams Eethuisje**, Mercatorplein 24, Tel. 020/616 74 50

*Thailändisch*

**Lana Thai**, Warmoesstraat 10, Tel. 020/624 21 79. Ausgezeichnete Küche. Die hinteren Räume bieten eine schöne Aussicht auf den Damrak.

**Pathum Thai**, Willemsstraat 16, Tel. 020/624 49 36. Im gemütlichen Jordaan gibt es schmackhafte Speisen zu niedrigen Preisen (Di geschl.).

*Vegetarisch*

**De Bolhoed**, Prinsengracht 60, Tel. 020/626 18 03. Eine große Salatbar und verschiedene mexikanische Gerichte, dazu Biobier.

**De Vliegende Schotel**, Nieuwe Leliestraat 162–168, Tel. 020/625 20 41, www.vliegendeschotel.nl. Das nette Lokal im Herzen des Jordaan bietet gute und zugleich preiswerte vegetarische Gerichte.

### Grand Cafés

**Café Americain**, Leidsekade 97, Tel. 020/556 30 00. Beliebter Amsterdamer Treffpunkt im American Hotel. Herrliche Art-déco-Ausstattung und ein großer Lesetisch.

**Café de Jaren**, Nieuwe Doelenstraat 20, Tel. 020/625 57 71. Einfache, schlichte Einrichtung. Von Balkon und Terrasse hat man eine wunderbare Aussicht auf die Amstel.

**Café Luxembourg**, Spui 24, Tel. 020/620 62 64. Die stilvoll-elegante Einrichtung der 1930er-Jahre und eine entspannte Atmosphäre tragen zum Genuss der leckeren Suppen, Salate und Sandwiches bei [s. S. 41].

**Dantzig**, Zwanenburgwal 15, Tel. 020/620 90 39. Kaffeehaus in der Stopera, an schönen Tagen sitzt man auf der großen Sommerterrasse zur Amstel hin.

*Stilvoll – das Café Americain mit seiner schönen Art-déco-Einrichtung*

**1e Klas**, Centraal Station, Tel. 020/625 01 31, www.restaurant1eklas.nl. Geschmackvolles Café im Belle-Epoque-Ambiente des ehemaligen Wartesaals der 1. Klasse.

## Feste und Feiern

### Feiertage

*Nieuwjaar* (1. Januar), *Goede Vrijdag* (Karfreitag), *Paaszondag* (Ostersonntag), *Paasmaandag* (Ostermontag), *Koninginnedag* (30. April), *Hemelvaartsdag* (Christi Himmelfahrt), *Pinksterzondag* (Pfingstsonntag), *Pinkstermaandag* (Pfingstmontag), *Kerstmis* (25./26. Dezember)

### Gedenktage

**Februaristaking** (Februarstreik, 25. Febr.): Feier am *Dokwerker-Denkmal* in Erinnerung an den Streik der Amsterdamer Hafenarbeiter am 25. Februar 1941 gegen die Judendeportation [s. S. 53].

**Dodenherdenkingsdag** (Totengedenktag, 4. Mai): Kranzniederlegung durch die

Königin am *Nationaal Monument* zum Gedenken an die Opfer des Zweiten Weltkrieges [s. S. 23]. Am Abend werden im ganzen Land zwei Gedenkminuten eingelegt.

**Bevrijdingsdag** (Befreiungstag, 5. Mai): Anlässlich der Befreiung der Niederlande von den Nationalsozialisten werden alljährlich am Befreiungstag an verschiedenen Aufführungsorten Konzerte veranstaltet.

### Feste

*März*

**Stille Omgang** (1. Sonntag nach dem 15. März): Schweigeprozession zum Gedenken an das Amsterdamer Hostienwunder [s. S. 34].

*April*

**Koninginnedag** (30. April): Ganz Amsterdam feiert den Geburtstag von Königin Beatrix mit einem riesigen Volksfest, Trödelmärkten und viel Musik rund um Dam und Spui sowie im Vondelpark. Bei ihrem Amtsantritt 1980 beließ Beatrix, die eigentlich am 31. Januar Geburtstag hat, den niederländischen Nationalfeiertag auf dem Geburtstag ihrer Mutter Juliana.

*September*

**Bloemencorso** (1. Samstag): Ein großer Blumenkorso mit prächtig geschmückten Wagen zieht von Aalsmeer in das Zentrum von Amsterdam.

**Monumentendag** (2. Samstag): Am Tag des offenen Denkmals können historische Bauwerke und Grachtenhäuser besichtigt werden.

**Jordaanfestival** (2. und 3. Woche): Zehntägiges Volksfest am Johnny Jordaan Plein mit Musik und Tanz.

**Chinatown Festival** (Ende Sept.): Die chinesischstämmigen Einwohner Amsterdams feiern am Nieuwmarkt mit Drachentanz und Musik.

*November*

**Sint Nicolaas** (3. Samstag): Der hl. Nikolaus zieht mit seinem Gefolge in die Stadt ein. Er kommt mit dem Boot an und reitet auf einem Schimmel zum Dam, wo er vom Bürgermeister begrüßt wird.

*Dezember*

**Sinterklaas** (Nikolaustag, 5. Dez.): Traditionell bringt in den Niederlanden der Nikolaus die Geschenke, nicht der Weihnachtsmann.

## Klima und Reisezeit

Das gemäßigte Seeklima Amsterdams lässt das Thermometer in den Sommermonaten kaum über 20 °C steigen, dafür wird es im Winter auch nicht richtig kalt, die Quecksilbersäule fällt nur selten unter den Gefrierpunkt. Mit Regen allerdings muss zu jeder Jahreszeit gerechnet werden. Attraktiv für Besucher ist die Stadt das ganze Jahr über, Hauptreisezeit ist von Ostern bis in den Herbst hinein. In dieser Zeit sollte man sein Quartier im Voraus buchen.

### Klimadaten Amsterdam

| Monat | Luft (°C) min./max. | Wasser (°C) | Sonnen-std./Tag | Regen-tage |
|---|---|---|---|---|
| Januar | 1/5 | 4 | 2 | 14 |
| Februar | 1/5 | 4 | 3 | 11 |
| März | 3/9 | 7 | 4 | 9 |
| April | 6/3 | 11 | 6 | 9 |
| Mai | 9/7 | 14 | 7 | 9 |
| Juni | 12/20 | 17 | 7 | 9 |
| Juli | 15/22 | 18 | 6 | 11 |
| August | 15/21 | 19 | 6 | 11 |
| September | 12/19 | 17 | 5 | 12 |
| Oktober | 8/14 | 12 | 3 | 12 |
| November | 5/9 | 8 | 2 | 14 |
| Dezember | 2/6 | 5 | 1 | 13 |

(Wassertemperaturen Vlissingen)

## Kultur live

**Uitkrant**, ein kostenloses, beim VVV sowie in Buchhandlungen und Zeitschriftenläden ausliegendes Monatsmagazin, informiert auf Niederländisch über Amsterdams Kulturprogramm. Informationen auf Englisch enthält das beim VVV und in diversen Zeitschriftenläden erhältliche Heftchen **Day-by-Day**.

### Kartenvorverkauf

**VVV**, Centraal Station

**Amsterdam Uit Buro (AUB) Ticketshop**, Leidseplein/Ecke Marnixstraat, Mo–Sa 10–19.30, So 12–19.30 Uhr, Tel. 09 00/01 91 (nur im Land wählbar, gebührenpflichtig, tgl. 9–20 Uhr), Infotel. 020/621 12 88 (auch vom Ausland, jedoch kein Ticketverkauf unter dieser Nummer), www.aub.nl. Hier auch **Last Minute Ticket Shop**, tgl. 12–19.30 Uhr, www.lastminuteticketshop.nl (50 % Nachlass auf Veranstaltungen am selben Abend).

## Musik

*Klassik*

**Bachzaal**, Bachstraat 7, Tel. 020/673 03 03, www.cva.ahk.nl

**Beurs van Berlage**, Damrak 243, Tel. 020/521 75 20, www.berlage.com

**Concertgebouw**, Concertgebouwplein 2–6, Tel. 020/671 83 45, www.concertgebouw.nl

**Muziektheater**, Amstel 3, Tel. 020/625 54 55, www.hetmuziektheater.nl

**Muziekgebouw aan't IJ**, Piet Heinkade 1, Tel. 020/788 20 00, www.muziekgebouw.nl

Klassische Konzerte werden außerdem in der **Oude Kerk** (Tel. 020/625 82 84) und in der **Engelse Kerk** (Begijnhof, Tel. 020/624 96 65) veranstaltet.

*Jazz, Rock, Pop*

**Bimhuis**, Piet Heinkade 3, Tel. 020/788 21 50, www.bimhuis.nl. Eine der besten Jazzbühnen Amsterdams.

**De Badcuyp**, 1e Sweelinckstraat 10, Tel. 020/675 96 69, www.badcuyp.nl. Blues, Salsa und Jazz.

**Korsakoff**, Lijnbaansgracht 161, Tel. 020/625 78 54, www.korsakoffamsterdam.nl. Hard Rock, Heavy Metal und Hip Hop.

**Melkweg**, Lijnbaansgracht 234a, Tel. 531 81 81, www.melkweg.nl. Ethno-Musik in einstiger Molkerei [s. S. 68].

**Paradiso**, Weteringschans 6–8, Tel. 626 45 21, www.paradiso.nl. Disco und Kulturzentrum in neoromanischer Kirche, berühmt für wilde Partys und Konzerte in früheren Jahren. Heute immer noch sehr gute Adresse für Konzerte international bekannter Künstler. An den Wochenenden z. T. Club-Nights mit bekannten DJs. Auch Lesungen und sonstige Kulturveranstaltungen [s. S. 67]

## Theater

**Amsterdams Marionetten Theater**, Nieuwe Jonkerstraat 8, Tel. 020/620 80 27, www.marionettentheater.nl

**Boom Chicago**, Leidseplein 12, Tel. 020/423 01 01, www.boomchicago.nl

**Koninklijk Theater Carré**, Amstel 115. Reservierungen: Tel. 09 00/252 52 55 (NL), Tel. 020/524 94 94 (Ausland), www.theatercarre.nl

**Stadsschouwburg**, Leidseplein 26, Tel. 020/624 23 11, www.ssba.nl

**Tropeninstituut Theater**, Großer Saal: Mauritskade 63; Kleiner Saal/Tageskasse: Linnaeusstraat 2, Tel. 020/568 85 00, www.tropentheater.nl

**Westergasfabriek**, Haarlemmerweg 8, Tel. 020/586 07 10, www.westergasfabriek.nl. Kunstpark mit Theater, Kino, Restaurants, Cafés und Shops. Mit Park zum Picknicken und für sonstige Freizeitvergnügungen.

*Zu Besuch bei der ›Alten Dame‹ – das Tuschinski Theater aus den 1920er-Jahren erstrahlt nach seiner Restaurierung in neuem Glanz*

*Erst 2012/13, nach der Renovierung, öffnet das ›alte‹ Rijksmuseum wieder*

## Kino

**Kriterion**, Roeterstraat 170, Tel. 020/ 623 17 08, www.kriterion.nl. Kunst- und experimentelles Kino.

**Melkweg Cinema**, Lijnbaansgracht 234a, Tel. 020/531 81 81, www.melkweg.nl. Kino-Theater-Disco-Komplex, häufig Filmklassiker.

**Nederlands Filmmuseum**, Vondelpark 3, Tel. 020/589 14 00, www.filmmuseum.nl. Filme aus aller Welt, Kultfilme [Nr. 56].

**Pathé**, Kleine Gartmanplantsoen 15–19, Tel. 09 00/14 58, www.pathe.nl. Amsterdams größter Kinokomplex mit sieben Kinos.

**Pathé Tuschinski** , Reguliersbreestraat 26–28, Tel. 09 00/14 58, www.pathe.nl. Herrlicher Filmpalast aus den 20er-Jahren des 20. Jh. [Nr. 45].

**The Movies**, Haarlemmerdijk 161, Tel. 020/638 60 16, www.themovies.nl. Art-déco-Kino mit anspruchsvollen Filmen.

## Veranstaltungen

*März*

**Bluesfestival:** Konzerte internationaler Bands.

*April*

**World Press Photo Exhibition** (bis Mitte Mai, www.worldpressphoto.nl): Ausstellung der preisgekrönten Pressefotos des Vorjahres in der Nieuwe oder Oude Kerk.

*Juni*

**Amsterdam Roots Festival** (www.amsterdamroots.nl): Eine Reihe von Veranstaltungen an verschiedenen Aufführungsorten präsentiert afrikanische, arabische, karibische und lateinamerikanische Musik und Kultur.

**Holland Festival** (www.hollandfestival.nl): Dreiwöchiges internationales Festival für Theater, Tanz und Musik aus dem In- und Ausland, aufgeführt in den Theatern der Stadt und im Concertgebouw.

**Vondelpark Openluchttheater** (bis Ende September, www.openluchttheater.nl): Fast täglich werden auf der Freilichtbühne im Vondelpark Konzerte geboten, von Klassik über Jazz bis Rock ist alles vertreten – und das bei freiem Eintritt.

*Juli*

**Sommer-Festival:** Experimentelles Theater.

*August*

**Uitmarkt** (letztes Wochenende, www.uitmarkt.nl): Mit einem umfangreichen Kulturprogramm auf den Bühnen der Stadt wird die neue Theatersaison eingeläutet.

# Museen

**Museumjaarkaart:** Museumskarte, mit der man ein Jahr lang freien Eintritt in über 440 Museen in Amsterdam und den gesamten Niederlanden hat, ausgenommen Sonderausstellungen, für die meist Zuschläge berechnet werden. Erhältlich ist die Karte in den größeren Museen oder online (www.museumjaarkaart.nl)

für 17,50 € (bis 24 Jahre), bzw. 35 € (ab 25 Jahre) + 4,95 € bei der ersten Ausstellung.

**I amsterdam Card:** Pass für den kostenlosen bzw. ermäßigten Zugang zu den meisten Museen und verschiedenen Veranstaltungen inklusive einer Grachtenrundfahrt, freier Fahrt mit den öffentlichen Verkehrsmitteln, 25 % Ermäßigung in vielen Restaurants und mehr. Mit der Karte kann man sein Fahrzeug zudem auf den P+R Parkplätzen Sloterdijk, Olympisch Stadion, Transferium/ArenA und Zeeburg kostenlos parken. Erhältlich beim VVV für 33 € (1 Tag), 43 € (2 Tage), 53 € (3 Tage), www.amsterdamtourist.nl.

## Nachtleben

Viele Diskotheken und Musikklubs findet man rund um *Rembrandtplein* und *Leidseplein*. Hier ist die Auswahl angesagter Adressen so groß, dass man zu Fuß von einem Klub in den nächsten wechseln kann. Bekannt für ihr breit gefächertes Musikprogramm – Disco und Konzerte – sind **Melkweg** (Rock, Folk, Jazz) und **Paradiso** (Pop, Reggae, afrikanische und lateinamerikanische Musik). Beliebt und meist gut besucht ist ferner die Diskothek **Korsakoff** [Adressen all dieser Klubs unter ›Musik‹ S. 126].

### Diskotheken und Nachtklubs

**Dansen bij Jansen**, Handboogstraat 11, Tel. 020/620 17 79. Besonders bei Studenten beliebte, häufig brechend volle Disco.

TOP TIPP **Escape**, Rembrandtplein 11, Tel. 020/622 11 11, www.escape.nl. Größte Disco der Stadt für 2500 Tanzwütige, mit toller Lasershow, Videoclips und gelegentlich auch Konzerten (Do–So ab 23 Uhr).

**Odeon**, Singel 460, Tel. 020/521 85 55, www.odeontheater.nl. Café und Brasserie sorgen fürs leibliche Wohl, die Clubdisco fürs sonstige Vergnügen.

**The Power Zone**, Spaklerweg, Tel. 020/681 88 66, www.thepowerzone.nl. Mega-Disco mit international renommierten DJs.

### Spielkasino

**Holland Casino Amsterdam**, Max Euweplein 62, www.hollandcasino.nl, Tel. 020/521 11 11, tgl. 13.30–3 Uhr. Roulette, Black Jack und mehr.

## Parken

Autofahren im Zentrum von Amsterdam ist kein Vergnügen, sind die Straßen doch meist ziemlich eng, die Parkplätze rar und teuer (ca. 2,50 €/Std). Und die Polizei kontrolliert regelmäßig. Wer falsch oder zu lange parkt, riskiert die *Wielklem*, die berüchtigte gelbe Radklemme. Sie wieder entfernen zu lassen, kostet mindestens 64 €!

**Zentrale Parkhäuser:** Kaufhaus Bijenkorf (Dam), Amsterdam Centraal (Hauptbahnhof), Waterlooplein, Stopera.

*Abendstimmung in einem Lokal am belebten und beliebten Leidseplein*

*Eine Grachtenrundfahrt führt vorbei an den großen Sehenswürdigkeiten Amsterdams, hier die Magere Brug*

Günstiger sind die bewachten **Park & Ride-Plätze** am Stadtrand: Sloterdijk (Westen, Tel. 020/486 48 44), Olympisch Stadion (Südwesten, Tel. 020/670 73 81), Transferium ArenA am AJAX Stadion (Süden, Tel. 020/400 17 21), Zeeburg (Osten). Tarif für 24 Std. 6 € (wer länger als 24 Std. bleibt, fragt nach der ›Meerdaagse P+R-kaart‹ für 96 Std.: 5,50 € pro 24 Std.) inklusive Hin- und Rückfahrkarte für 2 Personen mit Metro, Bahn, Tram oder Bus (Nachtbus kostet extra!). Und so geht es: Parkkarte am Schlagbaum des P&R-Platzes ziehen (nicht die Kreditkarte benutzen!), Auto parken, mit der Parkkarte am P&R-Schalter je eine Rückfahrkarte für sich und eine weitere Person für Metro, Bahn, Tram oder Bus empfangen. Wichtig: Rückfahrkarte jeweils vor der Hin- bzw. Rückfahrt mit dem öffentlichen Verkehrsmittel abstempeln. Nach Rückkehr zum P&R-Platz am Schalter die abgestempelten Karten und die P&R-Karte vorlegen, andernfalls wird der reguläre Tarif von 21 €/Tag fällig. An den P&R Olympisch Stadion und Sloterdijk kann man anstelle der Fahrkarten für die Fahrt in die Stadt kostenlos zwei Fahrräder leihen.

## Sport

### Hallen- und Freibäder

Die Öffnungszeiten der verschiedenen Schwimmbäder sind von Tag zu Tag sehr unterschiedlich. Daher empfiehlt es sich, an der Rezeption des Hotels genaue Informationen einzuholen.

**De Mirandabad**, De Mirandalaan 9, Tel. 020/546 44 44

**Flevoparkbad**, Insulindeweg 1002, Tel. 020/692 50 30

**Zuiderbad**, Hobbemastraat 26, Tel. 020/678 13 90

### Sportveranstaltungen

*Oktober*

**Amsterdam City Marathon**

*November*

**Jumping Amsterdam:** Internationales Reitturnier

### Squash/Fitness

**Frans Otten Stadion**, Ijsbaanpad 43, Tel. 020/662 87 67, www.fransotten stadion.nl, Mo–Fr 9–1, Sa/So 9–21 Uhr. Auch Tennis.

**Squash City**, Ketelmakerstraat 6, Tel. 020/626 78 83, www.squashcity.nl, Mo–Fr 8.30–1, Sa/So 8.30–22 Uhr

**Sports World Amsterdam**, Oranje Vrijstaatkade 31, Tel. 020/663 09 03, www.sportsworldamsterdam.nl, Mo–Fr 9–24, Sa/So 9–20 Uhr

### Tennis/Fitness

**Sportcentrum Amstelpark**, Koenenkade 8 (Amsterdamse Bos), Tel. 020/301 07 00, www.amstelpark.nl, Mo–Fr 8–23, Sa/So 8–20 Uhr. Auch Squash.

**Buitenveldert Tennispark**, Van der Boechorststraat 38, www.tennisparkbuitenveldert.nl, Tel. 020/642 96 41, Mo–Fr 8–24, Sa/So 8–18 Uhr

## Stadtbesichtigung

*Busrundfahrten*

**Keytours**, Paulus Potterstraat 8, Tel. 020/305 53 33, www.keytours.nl, tgl. 9.30, 12 und 15 Uhr von Rokin 10, 30 Min. früher ab Paulus Potterstraat.

**Lindbergh**, Damrak 26, Tel. 020/ 622 27 66, www.lindbergh.nl, tgl. 9.30–16.45 alle 45 Min.

*Fahrradtouren*

**Yellow Bike**, Nieuwezijds Kolk 29, Tel. 020/620 69 40, www.yellowbike.nl, April–Okt. tgl. 9.30 und 13 Uhr Citytour, eine dreistündige geführte Tour mit dem Fahrrad durch die Innenstadt, tgl. 11 Uhr Countryside Tour, genaues Programm bitte erfragen.

*Grachtenrundfahrten*

Einstündige Grachtenrundfahrten werden von zahlreichen Reedereien angeboten. Anlegestellen: Centraal Station, Leidseplein, Rokin, Stadhouderskade.

**Holland International Rondvaart**, Prins Hendrikkade 33a, Tel. 020/ 625 30 35, www.hir.nl

**Rederij Lovers**, Prins Hendrikkade 26, Tel. 020/530 10 90, www.lovers.nl

**Rederij Plas**, Damrak, Pier 1–3, Tel. 020/624 54 06, www.rederijplas.nl

*Museumsboot*

Das Museumsboot, Tel. 020/530 10 90, verbindet 15 Museen miteinander und verkehrt tgl. zwischen 10 und 17 Uhr alle 30/45 Min. (im Winter seltener). Anlegestellen: Centraal Station, Anne Frank Huis, Leidseplein, Rijksmuseum, Bijbelsmuseum, Muziektheater, Nederlands Scheepvaart Museum.

*Stadtführungen*

Beim **Tourist Office (VVV)** kann man zahlreiche Führungen buchen, z. B. den *Abendlichen Rundgang*, die *Amsterdamer Wallen Tour* (Kenner der Szene führen durch den Rotlichtbezirk), die *Mystery Tour* (Spaziergang voller Enthüllungen), oder die *Rembrandt Mysteries*-Stadtwanderung mit Geschichten und Legenden rund um Rembrandt.

*Touristen Tram*

In 90 Min. fährt die Tram an den Sehenswürdigkeiten des Zentrums vorbei. Abfahrt: nahe Victoria Hotel an der Centraal Station, Juni–Sept. So/Fei im 30-Min.-Takt.

## Statistik

**Bedeutung**: Hauptstadt der Niederlande, Regierungssitz ist jedoch Den Haag.

**Lage**: 52° 22′ nördliche Breite, 4° 53′ östliche Länge, an der Mündung der Amstel in den IJ.

**Fläche**: 218 $km^2$, davon 53 $km^2$ Wasser.

**Einwohner**: 743 000.

**Gliederung und Verwaltung**: 15 Stadtteile, 1 Gemeinderat und Stadtteilräte. Der Bürgermeister wird von der Königin und der Regierung ernannt.

**Sonstiges**: 165 Grachten, 1281 Brücken, 70 Inseln, 6800 Gebäude stammen aus dem 16./17. Jh.

## Unterkunft

### Camping

Detaillierte Auskunft über geprüfte Campingplätze gibt der jährlich neu erscheinende **ADAC Camping Caravaning Führer**, Band Nordeuropa (auch als CD-ROM), sowie der **ADAC Urlaubsführer Europa**, erhältlich im Buchhandel und bei den ADAC-Geschäftsstellen (www.adac.de/camping).

**Amsterdamse Bos**, Kleine Noorddijk 1, Tel. 020/641 68 68, Fax 640 23 78, www.campingamsterdamsebos.nl. Parkähnliches Gelände im Amsterdamer Stadtwald, ganzjährig geöffnet.

**Gaasper Camping**, Loosdrechtdreef 7, Tel. 020/696 73 26, Fax 696 93 69, www.gaaspercamping.nl. Gepflegtes Wiesengelände ca. 15 km südöstlich der Stadt, geöffnet von März bis Oktober.

**Vliegenbos**, Meeuwenlaan 138, Tel. 020/636 88 55, Fax 632 27 23, www.vliegenbos.com. Besonders bei jungen Leuten beliebt. 3 km außerhalb von Amsterdam, geöffnet von April bis Ende September.

**Zeeburg**, Zuider Ijdijk 20, Tel. 020/ 694 44 30, www.campingzeeburg.nl. Begrünter Platz nahe dem IJsselmeer, ganzjährig geöffnet.

### Hotels

Hotel-Reservierung durch **Amsterdam Reservation Center**, Tel. 020/201 88 00, Fax 020/201 88 50, reservations@atcb.nl. Reservierungen auch direkt beim **VVV Amsterdam** [s. S. 117].

*Erstklassige Adresse – Amstel Inter-Continental am Ufer der Amstel*

******Hotels*

**Amstel Inter-Continental**, Professor Tulpplein 1, Tel. 020/622 60 60, Fax 622 58 08, www.amsterdam.interconti.com. Grandhotel der Spitzenklasse, das nicht nur durch Luxus, sondern auch durch seine Lage direkt an der Amstel besticht. Das hauseigene Gourmet-Restaurant ›La Rive‹ hat zwei Michelin-Sterne.

**Grand Hotel Krasnapolsky**, Dam 9, Tel. 020/554 91 11, Fax 622 86 07, www.nh-hotels.com. Hinter unauffälliger Fassade verbirgt sich ein schöner Jugendstil-Wintergarten – die ›Grande Dame‹ unter den Fünf-Sterne-Hotels [s. S. 23].

TOP TIPP **Pulitzer**, Prinsengracht 315–331, Tel. 020/523 52 35, Fax 627 67 53, www.starwoodhotels.com. Einzigartiges Hotel in 25 historischen Grachtenhäusern aus dem 17./18. Jh. Alle Zimmer sind unterschiedlich, aber immer stilvoll eingerichtet. Das Restaurant ist in einer ehemaligen Apotheke mit Originalinterieur untergebracht.

**Sofitel The Grand Amsterdam**, Oudezijds Voorburgwal 197, Tel. 020/555 31 11, Fax 555 32 22, www.thegrand.nl. Luxushotel im historischen Prinsenhof, in dem schon Wilhelm der Schweiger und die Medicis nächtigten. Einst wie heute eine der besten Adressen der Stadt [s. S. 41].

*****Hotels*

**Amsterdam American**, Leidsekade 97, Tel. 020/556 30 00, Fax 5 56 30 01, www.amsterdamamerican.com. Zentral am Leidseplein gelegenes Nobelhotel im Stil des Art déco. Das vornehme ›Café Americain‹ ist beliebter Künstlertreff.

**Die Port van Cleve**, Nieuwezids Voorburgwal 176–180, Tel. 020/718 90 13, Fax 718 90 01, www.dieportvancleve.com. Gediegenes Hotel im Herzen der Altstadt, nahe dem Königlichen Palast. Nicht nur bei Hotelgästen beliebt ist die Brasserie ›De Poort‹.

**NH Doelen Hotel**, Nieuwe Doelenstraat 24, Tel. 020/554 06 00, Fax 622 10 84, www.nh-hotels.com. In einem stilvollen Palast aus dem 17. Jh. untergebracht, mit gutem Restaurant und schottischem Pub. Von der Terrasse hat man einen wunderschönen Blick auf die Amstel.

**NH Schiller Hotel**, Rembrandtplein 26–36, Tel. 020/554 07 00, Fax 554 44 00, www.nh-hotels.com. Elegantes, 1912 errichtetes Jugendstil-Hotel. Die Inneneinrichtung wurde mit viel Liebe zum Detail ausgewählt, an den Wänden der Eingangshalle hängen einige Gemälde von Frits Schiller, Porträts und Ansichten von Amsterdam.

**Park Hotel Amsterdam**, Stadhouderskade 25, Tel. 020/671 12 22, Fax 664 94 55, www.parkhotel.nl. Luxuriöses Haus in zentraler Lage, sowohl die großen Museen am Museumplein, als auch der belebte Leidseplein mit seinen Restaurants und Nachtklubs liegen nicht weit entfernt.

**The Toren**, Keizersgracht 164, Tel. 020/622 60 33, Fax 626 97 05, www.toren.nl. Komfortables Hotel in zwei historischen Grachtenhäusern aus dem 17. Jh.

TOP TIPP **Toro**, Koningslaan 64, Tel. 020/673 72 23, Fax 675 00 31, www.hoteltoro.nl. Stilvolle, um das Jahr 1900 errichtete Villa am Rand des Von-

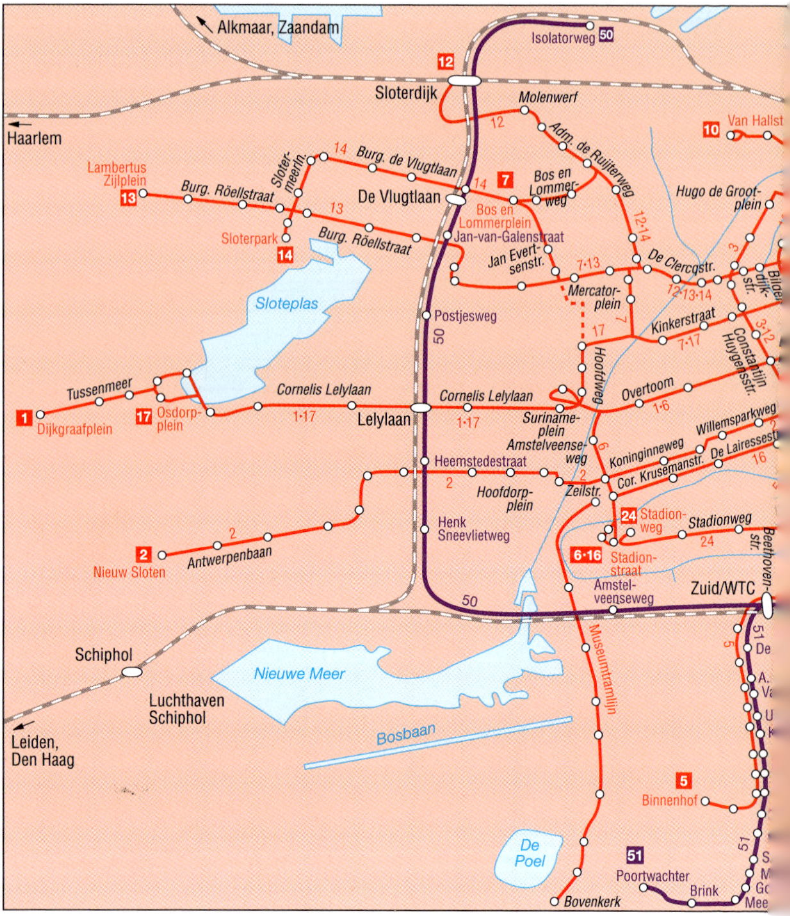


delparks. Vom Hotelgarten hat man einen schönen Blick auf den See im Park.

**Victoria**, Damrak 1–5, Tel. 020/623 42 55, Fax 625 29 97, www.parkplazaeurope.com. Riesiger Hotelkomplex gegenüber der Centraal Station mit stilvoller Inneneinrichtung.

****Hotels*

**Amstel Botel**, NDSM-Pier 3 (nördl. Hafengebiet), Tel. 020/626 42 47, Fax 639 19 52, www.amstelbotel.nl. Originelles Hotelboot, auf dem auf Komfort nicht verzichtet werden muss. Alle Kabinen mit Dusche/Toilette ausgestattet.

TOP TIPP **Amsterdam House Hotel**, 's-Gravelandseveer 3–4, Tel. 020/624 66 07, Fax 624 13 46, www.amsterdamhouse.com. Ruhige Lage, die besten Zimmer mit Blick auf eine Gracht; dort auch hoteleigene Hausboote.

**Arena**, 's-Gravesandestraat 51, Tel. 020/850 24 10, Fax 850 24 65, www.hotelarena.nl. Designer-Ambiente in einem ehemaligen katholischen Waisenhaus mit angebauter Kapelle, am Rand der historischen Innenstadt.

**Canal House**, Keizersgracht 148–152, Tel. 020/622 51 82, Fax 624 13 17, www.canalhouse.nl. Gemütliches Hotel in zwei Grachtenhäusern aus dem 17. Jh. (bis Frühjahr 2009 wegen Renovierung geschl.).

**Nadia**, Raadhuisstraat 51, Tel. 020/620 15 50, Fax 428 15 07, www.nadia.nl. Zwischen Dam und Westerkerk, sehr gut ausgestattet, einige Zimmer mit Aussicht auf Gracht.

**Rembrandt Centrum**, Herengracht 255, Tel. 020/622 17 27, Fax 625 06 30, www.rembrandtcentrum.com. Mehrere

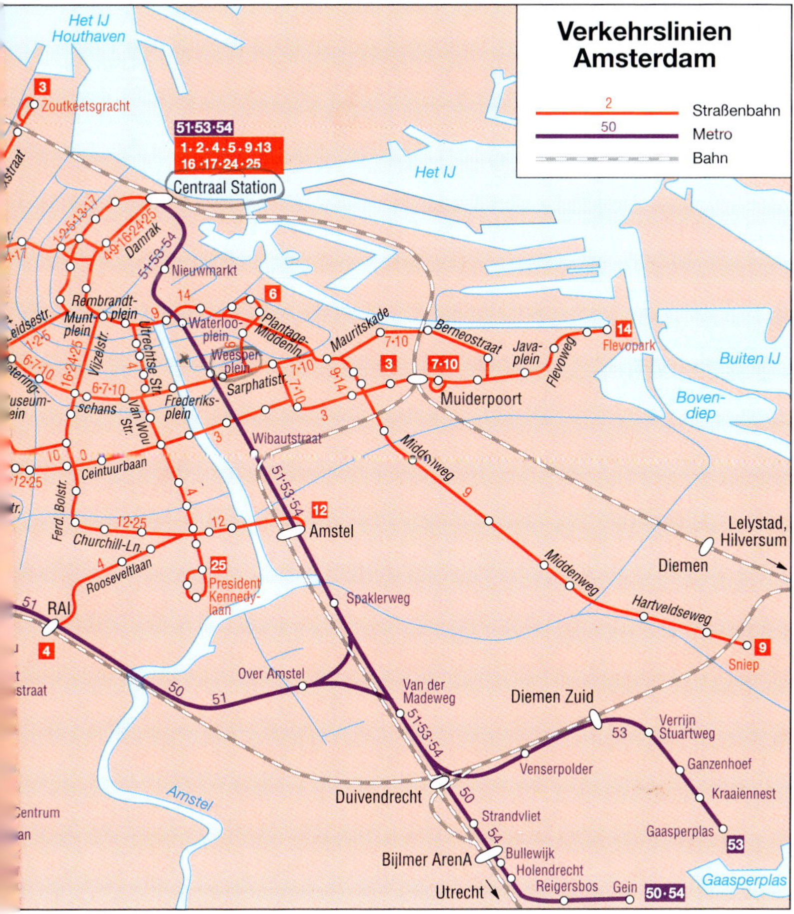


Grachtenhäuser aus drei Jahrhunderten wurden zu dem angenehmen Hotel umgebaut.

**Sint Nicolaas**, Spuistraat 1 a, Tel. 020/626 13 84, Fax 623 09 79, www.hotelnicolaas.nl. Familiäre Atmosphäre bietet das in einem altholländischen Haus eingerichtete Hotel.

***Hotels*

**Acro**, Jan Luykenstraat 44, Tel. 020/662 05 26, Fax 675 08 11, www.acro-hotel.nl. Modernes Hotel mit hellen Zimmern in ruhiger Lage zwischen Vondelpark und Leidseplein.

**Imperial**, Thorbeckeplein 9, Tel. 020/622 00 51, Fax 624 58 36, www.imperial-hotel.com. Kleines, zentral zwischen Rembrandtplein und Herengracht gelegenes Hotel.

**Seven Bridges**, Reguliersgracht 31, Tel. 020/623 13 29, Fax 624 76 52, www.sevenbridgeshotel.nl. Stilvoll eingerichtetes Grachtenhaus.

**Y Boulevard**, Prins Hendrikkade 144–145, Tel. 020/623 04 30, Fax 620 07 09, www.hotelyboulevard.nl. Denkmalgeschütztes Grachtenhaus unweit der Centraal Station. Der stilvolle Frühstückssaal ist mit Gemälden geschmückt, die von Rembrandt-Schülern stammen sollen.

**Hotels*

**Hegra**, Herengracht 269, Tel. 020/623 78 77, Fax 623 81 59, www.hotelhegra.nl. Grachtenhaus mit elf einfachen Zimmern.

**Prinsenhof**, Prinsengracht 810, Tel. 020/623 17 72, Fax 638 33 68, www.hotelprinsenhof.com. Schönes altes Giebelhaus mit viel Atmosphäre.

*Budget Hotels*

**Bob's Youth Hostel**, Nieuwezijds Voorburgwal 92, Tel. 020/623 00 63, Fax 675 64 46, www.bobshostel.nl. Nahe der Centraal Station, viele Rucksacktouristen, kein Alterslimit.

**Flying Pig Hostels, Downtown**, Nieuwendijk 100, Tel. 020/420 68 22 und **Uptown**, Vossiusstraat 46, Tel. 020/400 41 87, beide: www.flyingpig.nl. Sauber, sicher, preiswert. Für Leute zwischen 18 und 39 Jahren, keine Gruppen von mehr als zehn Männern.

### Jugendherbergen

**Stayokay** bietet über 30 Hostels in den Niederlanden, Infos: www.stayokay.com

**Stayokay Amsterdam Stadsdoelen**, Kloveniersburgwal 97, Tel. 020/624 68 32, Fax 639 10 35, www.stayokay.com/stadsdoelen. Ganzjährig geöffnet, 170 Betten.

**Stayokay Amsterdam Vondelpark**, Zandpad 5, Tel. 020/589 89 96, Fax 589 89 55, www.stayokay.com/vondelpark. Ganzjährig geöffnet, 536 Betten.

**Stayokay Haarlem**, Jan Gijzenpad 3, Haarlem, Tel. 0 23/5 37 37 93, Fax 023/537 11 76, www.stayokay.com/haarlem. 10 Min. vom Bahnhof Zantpoort Zuid, ganzjährig geöffnet, 140 Betten.

## Verkehrsmittel

### Boote

**Canal Bus/Canal Bike**, Weteringschans 26, Tel. 020/623 98 86 und 020/626 55 74, www.canal.nl. Canal Bus zwischen Centraal Station und Rijksmuseum und auf zwei weiteren Routen, mit einer Tageskarte kann man beliebig oft zu- und aussteigen. Canal Bike verleiht *Tretboote*. Anlegestellen: Leidseplein, Rijksmuseum, Westerkerk/Anne Frank Huis, Keizersgracht (bei Leidsestraat). Das Boot kann an einer Anlegestelle gemietet, an einer anderen abgegeben werden.

### Fahrradverleih

**MacBike**, Tel. 020/620 09 85, www.macbike.nl. Stationen in Amsterdam: Leidseplein (Weteringsschans 2), Mr. Visserplein 2, Centraal Station West (Stationsplein 33) und East (Stationsplein 5), Marnixstraat 220

**Holland Rent-a-Bike**, Beurs von Berlage, Damrak 247, Tel. 020/622 32 07

### Mietwagen

Für Mitglieder bietet die **ADAC Autovermietung GmbH** günstige Konditionen. Buchungen über ADAC-Geschäftsstellen oder unter Tel. 018 05/31 81 81 (0,14 €/Min.).

Die internationalen Mietwagen-Anbieter findet man in Amsterdam am Flughafen Schiphol und in der Stadt an folgenden Orten:

**Avis**, Nassaukade 380, Tel. 020/683 60 61, www.avis.nl

**Budget Niederlande**, Tel. 09 00/15 76, www.budget.nl

**Europcar**, Overtoom 197, Tel. 020/683 21 23, www.europcar.nl

### Öffentliche Verkehrsmittel

Die **Tram** ist *das* öffentliche Verkehrsmittel in der Stadt, für die Peripherie nutzt man **Bus** und **Metro**. Infos vorab im Internet bei **GVB**: www.gvb.nl. Für einfache Fahrten empfiehlt sich die *Strippenkaart* (Streifenkarte), die vor jeder Fahrt im Automaten abzustempeln ist: die Anzahl der Zonen, in die man fährt, bestimmt die Anzahl der Streifen, die abgestempelt werden müssen. Fahrer und Schaffner sind bei Problemen gerne behilflich. *Strippenkaarten* sind erhältlich in den Touristenbüros, in Tabakläden und großen Hotels sowie beim Schaffner des Verkehrsmittels – dort sind sie jedoch teurer. Empfehlenswert sind die **Tageskarte** (*Dagkaart*) oder die **Mehrtageskarte** (*Meerdagen-kaart*, bis zu 9 Tage). Erhältlich beim *GVB Tickets & Info Büro* gegenüber des Hauptbahnhofs, außerdem an den Automaten in Tram Linie 5 und S-Bahn Linie 51, in den U-Bahnhöfen sowie bei Fahrern und Schaffnern und beim VVV. Wichtig: bei Antritt der Fahrt am Automaten entwerten. Inzwischen wird für die Benutzung öffentlicher Verkehrsmittel im ganzen Land stufenweise eine Chipkarte (*OV-chipkaart*) eingeführt, die in Amsterdam zunächst nur für die Metro benutzt werden kann, bald jedoch auch für Bus und Tram gelten soll.

Hilfreich ist der kostenlose *Tourist guide Public transport Amsterdam* (auch in deutscher Sprache, *GVB Tickets & Info Büro* gegenüber des Hauptbahnhofs).

### Taxi

Taxizentrale: Tel. 020/777 77 77, www.tcataxi.nl

# Sprachführer

## Niederländisch für die Reise

### Das Wichtigste in Kürze

| | |
|---|---|
| Ja / Nein | *ja / nee* |
| Bitte / Danke | *alstublieft / dank u wel* |
| In Ordnung! / Einverstanden! | *ok! / akkoord!* |
| Entschuldigung! | *sorry! / pardon!* |
| Wie bitte? | *Wat zegt u?* |
| Ich verstehe Sie nicht. | *Ik versta u niet.* |
| Ich spreche nur wenig Niederländisch. | *Ik spreek alleen maar een beetje Nederlands.* |
| Können Sie mir bitte helfen? | *Kunt u mij alstublieft helpen?* |
| Das gefällt mir (nicht). | *Dat vind ik (niet) leuk.* |
| Ich möchte … | *Ik zou graag …* |
| Wie viel kostet …? | *Hoeveel kost(en) …?* |
| Kann ich mit Kreditkarte bezahlen? | *Kan ik met creditcard betalen?* |
| Wie viel Uhr ist es? | *Hoe laat is het?* |
| Guten Morgen! | *Goedemorgen!* |
| Guten Tag! | *Goedendag!* |
| Guten Abend! | *Goedenavond!* |
| Gute Nacht! | *Goedenacht!* |
| Hallo! / Grüß dich! | *Hallo!* |
| Wie ist Ihr Name, bitte? | *Hoe is uw naam?* |
| Mein Name ist … | *Mijn naam is …* |
| Auf Wiedersehen! | *Tot kijk!* |
| Tschüs! | *Doei!* |

### Zahlen

| | | | |
|---|---|---|---|
| 0 | *nul* | 19 | *negentien* |
| 1 | *één* | 20 | *twintig* |
| 2 | *twee* | 21 | *éénentwintig* |
| 3 | *drie* | 22 | *tweeëntwintig* |
| 4 | *vier* | 30 | *dertig* |
| 5 | *vijf* | 40 | *veertig* |
| 6 | *zes* | 50 | *vijftig* |
| 7 | *zeven* | 60 | *zestig* |
| 8 | *acht* | 70 | *zeventig* |
| 9 | *negen* | 80 | *tachtig* |
| 10 | *tien* | 90 | *negentig* |
| 11 | *elf* | 100 | *honderd* |
| 12 | *twaalf* | 200 | *tweehonderd* |
| 13 | *dertien* | 1000 | *duizend* |
| 14 | *veertien* | 2000 | *tweeduizend* |
| 15 | *vijftien* | 10 000 | *tienduizend* |
| 16 | *zestien* | 100 000 | *honderdduizend* |
| 17 | *zeventien* | 1/4 | *een quart* |
| 18 | *achttien* | 1/2 | *een halve* |

| | |
|---|---|
| gestern / heute / morgen | *gisteren / vandaag / morgen* |
| am Vormittag / am Nachmittag | *'s morgens / 's middags* |
| am Abend / in der Nacht | *'s avonds / 's nachts* |
| um 1 Uhr / um 2 Uhr … | *om één uur / om twee uur …* |
| um Viertel vor (nach) … | *om kwart voor (over) …* |
| um … Uhr 30 | *om … uur dertig* |
| Minute(n) | *minuut(en)* |
| Stunde(n) | *uur(en)* |
| Tag(e) | *dag(en)* |
| Woche(n) | *week(en)* |
| Monat(e) | *maand(en)* |
| Jahr(e) | *jaar(en)* |

### Wochentage

| | |
|---|---|
| Montag | *maandag* |
| Dienstag | *dinsdag* |
| Mittwoch | *woensdag* |
| Donnerstag | *donderdag* |
| Freitag | *vrijdag* |
| Samstag | *zaterdag* |
| Sonntag | *zondag* |

### Monate

| | |
|---|---|
| Januar | *januari* |
| Februar | *februari* |
| März | *maart* |
| April | *april* |
| Mai | *mei* |
| Juni | *juni* |
| Juli | *juli* |
| August | *augustus* |
| September | *september* |
| Oktober | *oktober* |
| November | *november* |
| Dezember | *december* |

### Maße

| | |
|---|---|
| Kilometer | *kilometer* |
| Meter | *meter* |
| Zentimeter | *centimeter* |
| Kilogramm | *kilo(gram)* |
| Pfund | *pond* |
| Gramm | *gram* |
| Liter | *liter* |

## Unterwegs

| | |
|---|---|
| Nord / Süd / West / Ost | *noord / zuid / west / oost* |
| geöffnet / geschlossen | *open / gesloten* |
| geradeaus / links / rechts / zurück | *rechtuit / links / rechts / terug* |
| nah / weit | *vlak bij / ver weg* |
| Wie weit ist …? | *Hoe ver is het … ?* |
| Wo sind die Toiletten? | *Waar zijn de toiletten?* |
| Wo ist die (der) nächste … Telefonzelle / Post / Bank / Geldautomat / Polizei? | *Waar is de (het) dichtstbijzijnde … telefooncel (de) / postkantoor (het) / bank (de) / geldautomaat (de) / politiebureau (het)?* |
| Bitte, wo ist … der Hauptbahnhof / die Bushaltestelle / die Metrostation / die Tramstation / der Flughafen? | *Kunt u mij zeggen waar … het centraal station / de bushalte / het metrostation / het tramstation / het vliegveld is?* |
| Wo finde ich … eine Bäckerei / Fotoartikel / einen Supermarkt den Markt? | *Sorry, waar vind ik … een bakker / een winkel voor fotoartikelen / een supermarkt / de markt?* |
| Ist das der Weg / die Straße nach …? | *Is dit de weg / de straat naar …?* |
| Ich möchte mit … dem Bus / der Metro / der Tram / dem Zug / dem Flugzeug nach … fahren. | *Ik zou graag … de bus / de metro / de tram / de trein / het vliegtuig naar … willen Nemen.* |
| Gilt dieser Preis für Hin- und Rückfahrt? | *Is dit de prijs voor héén en terug?* |
| Wie lange gilt das Ticket? | *Hoe lang is dit ticket geldig?* |
| Wo finde ich … das Fremdenverkehrsamt / ein Reisebüro? | *Waar vind ik … de VVV / een reisbureau?* |

## Zoll, Polizei

| | |
|---|---|
| Ich habe etwas (nichts) zu verzollen. | *Ik heb wat (niets) aan te geven.* |
| Ich habe nur persönliche Dinge. | *Ik heb alleen maar persoonlijke dingen bij me.* |
| Hier ist die Kaufbescheinigung. | *Hier is de kwitantie.* |
| Hier ist mein(e) … Geld / Pass / Personalausweis / Kfz-Schein / Versicherungskarte. | *Hier is mijn … geld / pas(poort) / legitimatiebewijs / kentekenbewijs / verzekeringskaart.* |
| Ich fahre nach … und bleibe … Tage / Wochen. | *Ik ga naar … en blijf daar … dagen / weken.* |
| Ich möchte eine Anzeige erstatten. | *Ik zou graag een aangifte willen doen.* |
| Man hat mir … Geld / die Tasche / die Papiere / die Schlüssel / den Fotoapparat / das Fahrrad gestohlen. | *Mijn … geld / tas / papieren / sleutel / fototoestel / fiets is gestolen.* |
| Verständigen Sie bitte das Deutsche Konsulat. | *Kunt u alstublieft het Duitse consulaat informeren?* |

## Freizeit

| | |
|---|---|
| Ich möchte ein … Fahrrad / Mountainbike / Motorrad / Surfbrett / Pferd mieten. | *Ik zou graag een … fiets / mountainbike / motorfiets / surfplank / paard willen huren.* |
| Gibt es ein(en) … Freizeitpark / Freibad / Golfplatz in der Nähe? | *Is er hier een … recreatiepark / openluchtzwembad / golfplaats in de buurt?* |
| Wo ist das nächste Schwimmbad? | *Waar is het dichtstbijzijnde zwembad?* |
| Wann hat … geöffnet? | *Wanneer is het / de … geopend?* |

## Bank, Post, Telefon

| | |
|---|---|
| Brauchen Sie meinen Ausweis? | *Wilt u mijn legitimatiebewijs zien?* |
| Ich möchte eine Telefonverbindung nach … | *Kunt u mij een telefoon-lijn naar … geven?* |

## Hinweise zur Aussprache

| | |
|---|---|
| ei | wie ›ä‹, Bsp.: **lei**den |
| eu | wie ›ö‹, Bsp.: **deur** |
| oe | wie ›u‹, Bsp.: **boer** |
| ou | wie ›au‹, Bsp.: **hout** |
| u | wie ›ü‹, Bsp.: **nul** |
| ui | wie ›ö‹, Bsp.: **huis** |
| ij | wie ›ä‹, Bsp.: **lij**den |
| c | wie ›s‹, Bsp.: **c**entraal |
| g | wie ›ch‹, Bsp.: te**g**el |
| sch | wie ›s‹ und ›ch‹ getrennt sprechen, Bsp.: **sch**ip |
| z | wie ›s‹, Bsp.: **Z**on |

| | |
|---|---|
| Wie lautet die Vorwahl für …? | *Wat is het netnummer van … ?* |
| Wo gibt es … Telefonkarten / Briefmarken? | *Waar kan je … telefoonkaarten / postzegels krijgen?* |

## Tankstelle

| | |
|---|---|
| Wo ist die nächste Tankstelle? | *Waar is de dichtstbijzijnde benzinepomp?* |
| Ich möchte … Liter … Normal / Super / Diesel / bleifrei / verbleit. | *… liter … normaal / super / diesel / loodvrij / met lood alstublieft.* |
| Volltanken, bitte! | *Voltanken alstublieft!* |
| Bitte prüfen Sie … den Reifendruck / den Ölstand / den Wasserstand / die Batterie. | *Kunt u alstublieft … de druck van de banden / de oliestand / het koelwater / de akku controleren?* |
| Würden Sie bitte … den Ölwechsel vornehmen / den Radwechsel vornehmen / die Sicherung austauschen / die Zündkerzen erneuern? | *Kunt u alstublieft … de olie verversen / de band wisselen / de zekering uitwisselen / de bougies vernieuwen?* |

## Panne

| | |
|---|---|
| Ich habe eine Panne. | *Ik heb autopech.* |
| Der Motor startet nicht. | *De motor springt niet meer aan.* |
| Ich habe kein Benzin / Diesel. | *Ik heb geen benzine / diesel meer.* |
| Gibt es hier in der Nähe eine Werkstatt? | *Is er een garage hier in de buurt?* |
| Können Sie mir einen Abschleppwagen schicken? | *Kunt u een takelwagen sturen?* |
| Können Sie den Wagen reparieren? | *Kunt u mijn auto repareren?* |
| Bis wann? | *Wanneer is hij klaar?* |

## Mietwagen

| | |
|---|---|
| Ich möchte ein Auto mieten. | *Ik zou graag een auto willen huren.* |
| Was kostet die Miete … pro Tag / pro Woche / mit unbegrenzter km-Zahl / mit Kaskoversicherung / mit Kaution? | *Wat kost het huren … per dag / pro Woche / met onbeperkte kilometers / met cascoverzekering / met cautie?* |
| Wo kann ich den Wagen zurückgeben? | *Waar kan ik de auto teruggeven?* |

## Unfall

| | |
|---|---|
| Hilfe! | *Help!* |
| Achtung! | *Opgepast!* |
| Vorsicht! | *Voorzichtig!* |
| Rufen Sie bitte schnell … einen Krankenwagen / die Polizei / die Feuerwehr. | *Kunt u alstublieft snel … een ziekenwagen / de politie / de brandweer opbellen.* |
| Es war (nicht) meine Schuld. | *Het was mijn schuld (niet).* |
| Geben Sie mir bitte Ihren Namen und Ihre Adresse. | *Mag ik even uw naam en adres opnemen?* |
| Ich brauche die Angaben zu Ihrer Autoversicherung. | *Kunt u mij een paar informaties over uw autoverzekering geven?* |

## Krankheit

| | |
|---|---|
| Können Sie mir einen guten Deutsch sprechenden Arzt / Zahnarzt empfehlen? | *Kunt u mij een goed Duits sprekende arts / tandarts aanbevelen?* |
| Wann hat er Sprechstunde? | *Wanneer zijn de spreekuren?* |
| Wo ist die nächste Apotheke? | *Waar is de dichtstbijzijnde apotheek?* |
| Ich brauche ein Mittel gegen … Durchfall / Halsschmerzen / Fieber / Insektenstiche / Verstopfung / Zahnschmerzen. | *Ik heb een middel nodig tegen … diarree / keelpijn / koorts / insektensteken / verstopping / kiespijn.* |

## Hotel

| | |
|---|---|
| Können Sie mir ein Hotel / eine Pension empfehlen? | *Welk hotel / pension kunt u aanbevelen?* |
| Ich habe bei Ihnen ein Zimmer reserviert. | *Ik heb bij u een kamer gereserveerd.* |
| Haben Sie … ein Einzelzimmer / ein Doppelzimmer … | *Heeft u … een éénpersoonskamer / een tweepersoonskamer /* |

| | |
|---|---|
| mit Bad / Dusche / für eine Nacht / für eine Woche? | *met bad / douche / voor één nacht / voor één week?* |
| Was kostet das Zimmer mit Frühstück / mit Halbpension / mit Vollpension? | *Hoeveel kost de kamer met ontbijt / met halfpension / met volpension?* |
| Wie lange gibt es Frühstück? | *Tot wanneer kan ik ontbijten?* |
| Ich möchte um … Uhr geweckt werden. | *Kunt u mij om … uur wekken?* |
| Ich reise heute Abend / morgen früh ab. | *Ik vertrek vanavond / morgen vroeg.* |
| Haben Sie ein Faxgerät / einen Hotelsafe? | *Heeft u een fax / een hotelsafe?* |

## Restaurant

| | |
|---|---|
| Wo finde ich ein gutes / günstiges Restaurant? | *Waar vind ik een goed / voordelig restaurant?* |
| Die Speisekarte / die Getränkekarte, bitte. | *Kunt u mij de spijskaart / de kaart met de dranken alstublieft even geven?* |
| Welches Gericht können Sie besonders empfehlen? | *Welk gerecht kunt u mij speciaal aanbevelen?* |
| Ich möchte das Tagesgericht / Menü (zu …) | *Het menu van de dag / menu … alstublieft.* |
| Ich möchte nur eine Kleinigkeit essen. | *Ik wil alleen maar een klein hapje eten.* |
| Haben Sie … vegetarische Gerichte / offenen Wein / alkoholfreie Getränke / Mineralwasser mit / ohne Kohlensäure? | *Heeft u ook … vegetarische gerechten / wijn per karaf / alcoholvrije dranken / mineraalwater met / zonder koolzuur?* |
| Das Steak bitte … englisch / medium / durchgebraten. | *Biefstuk alstublieft … rood / medium / doorbakken.* |
| Kann ich bitte … ein Messer / eine Gabel / einen Löffel haben? | *Kan ik alstublieft … een mes / een vork / een lepel krijgen?* |
| Die Rechnung, bitte / Bezahlen, bitte! | *De rekening alstublieft! / Betalen alstublieft!* |

## Essen und Trinken

| | |
|---|---|
| Ananas | *ananas* |
| Apfel | *appel* |
| Apfelsine | *sinaasappel* |
| Aubergine | *aubergine* |
| Banane | *banaan* |
| Bier | *bier* |
| Braten | *gebraden vlees* |
| Brot / Brötchen | *brood / broodje* |
| Butter | *boter* |
| Ei | *ei* |
| Eiscreme | *ijs* |
| Erdbeere | *aardbei* |
| Espresso | *espresso* |
| Espresso mit einem Schuss Milch | *espresso met een scheutje melk* |
| Essig | *azijn* |
| Fisch | *vis* |
| Fischsuppe | *nissoep* |
| Flasche | *fles* |
| Fleisch | *vlees* |
| Fruchtsaft | *vruchtsap* |
| Frühstück | *ontbijt* |
| Geflügel | *gevogelte* |
| Gemüse | *groente* |
| Glas | *glas* |
| Gurke | *komkommer* |
| Hering | *haring* |
| Hörnchen | *croissant* |
| Huhn | *kip* |
| Kaffee, schwarz | *koffie, zwart* |
| Kaffee mit Milch | *koffie met melk* |
| Kalb | *kalf* |
| Kartoffeln | *aardappelen* |
| Käse | *kaas* |
| Kirschen | *kersen* |
| Krug / Karaffe | *karaf* |
| Meeresfrüchte | *zeevruchten* |
| Milch | *melk* |
| Milchkaffee | *café au lait* |
| Mineralwasser | *mineraalwater / spa* |
| Nachspeisen | *nagerechten* |
| Öl | *olie* |
| Oliven | *olijven* |
| Orangensaft | *sinaasappelsap* |
| Pfannkuchen | *pannenkoek* |
| Pfeffer | *peper* |
| Pflaumen | *pruimen* |
| Pilze | *paddestoelen* |
| Reis | *rijst* |
| Rindfleisch | *rundvlees* |
| Salat | *sla* |
| Salz | *zout* |
| Schinken | *ham* |
| Schweinefleisch | *varkensvlees* |
| Suppe | *soep* |
| Tee | *thee* |
| Thunfisch | *tonijn* |
| Tomate | *tomaat* |
| Vorspeisen | *voorgerechten* |
| Wassermelone | *watermeloen* |
| Wein | *wijn* |
| Weißwein | *witte wijn* |
| Rotwein | *rode wijn* |
| Rosé-Wein | *rosé* |
| Zucker | *suiker* |

## ADAC Reiseführer – die besten, die wir je gemacht haben.

144 bzw. 192 Seiten, je Band 6,50 € (D), 6,70 € (A), 12,– sFr.

Ägypten
Algarve
Allgäu
Amsterdam
Andalusien
Australien
Bali & Lombok
Baltikum
Barcelona
Berlin
Bodensee
Brandenburg
Brasilien
Bretagne
Budapest
Bulg. Schwarzmeerküste
Burgund
City Guide Deutschland
City Guide Germany
Costa Brava & Costa Daurada
Côte d'Azur
Dänemark
Dominikanische Republik
Dresden
Dubai, Vereinigte Arabische Emirate, Oman
Elsass
Emilia Romagna
Florenz
Florida
Franz. Atlantikküste
Fuerteventura
Gardasee
Golf von Neapel
Gran Canaria
Hamburg
Harz
Hongkong & Macau
Ibiza & Formentera
Irland
Israel
Italienische Adria
Italienische Riviera
Jamaika
Kalifornien
Kanada – Der Osten
Kanada – Der Westen
Karibik
Kenia
Korfu & Ionische Inseln
Kreta
Kuba
Kroatische Küste – Dalmatien
Kroatische Küste – Istrien & Kvarner Golf
Kykladen
Lanzarote
Leipzig
London
Madeira
Mallorca
Malta
Marokko
Mauritius & Rodrigues
Mecklenburg-Vorpommern
Mexiko
München
Neuengland
Neuseeland
New York
Niederlande
Norwegen
Oberbayern
Österreich
Paris
Peloponnes
Piemont, Lombardei, Valle d'Aosta
Polen
Portugal
Prag
Provence
Rhodos
Rom
Rügen, Hiddensee, Stralsund
Salzburg
Sardinien
Schleswig-Holstein
Schottland
Schwarzwald
Schweden
Schweiz
Sizilien
Spanien
St. Petersburg
Südafrika
Südengland
Südtirol
Sylt
Teneriffa
Tessin
Thailand
Toskana
Türkei – Südküste
Türkei – Westküste
Tunesien
Umbrien
Ungarn
USA – Südstaaten
USA – Südwest
Usedom
Venedig
Venetien & Friaul
Wien
Zypern

Weitere Titel in Vorbereitung.

## ADAC Reiseführer Jubiläumsbände – Maxi-Umfang! Mini-Preis!

348 bzw. 450 Seiten, je Band 9,95 € (D), 10,25 € (A), 17,50 sFr.

Deutschland
Freizeitparadies Alpen
Italien

## ADAC Reiseführer plus – Top-Reiseführer mit perfekten Urlaubskarten.

144 bzw. 192 Seiten, je Band 8,95 € (D), 9,20 € (A), 16,80 sFr.

Ägypten
Allgäu
Amsterdam
Andalusien
Australien
Baltikum
Barcelona
Berlin
Berlin (engl.)
Bodensee
Brandenburg
Budapest
Côte d'Azur
Dänemark
Deutschland – Die schönsten Autotouren
Dresden
Dubai
Elsass
Französische Atlantikküste
Fuerteventura
Gardasee
Gran Canaria
Golf von Neapel
Hamburg
Harz
Irland
Italienische Adria
Italienische Riviera
Kanada – Der Westen
Kanada – Der Osten
Kenia
Korfu/Ionische Inseln
Kreta
Kuba
Kroatische Küste – Dalmatien
Kroatische Küste – Istrien & Kvarner Golf
Leipzig
London
Madeira
Mallorca
Malta
Mecklenburg-Vorpommern
München
New York
Norwegen
Oberbayern
Österreich
Paris
Polen
Portugal
Prag
Rhodos
Rom
Rügen, Hiddensee, Stralsund
Salzburg
Sardinien
Schleswig-Holstein
Schwarzwald
Schweden
Schweiz
Sizilien
St. Petersburg
Südtirol
Südengland
Sylt
Teneriffa
Thailand
Toskana
Tunesien
Türkei – Südküste
Türkei – Westküste
Usedom
Venedig
Wien
Zypern

Weitere Titel in Vorbereitung.

## ADAC Reiseführer Audio – umfassende Information und einzigartiges Hörerlebnis.

144 bzw. 192 Seiten, mit TourSet auf CD, 9,95 € (D), 10,25 € (A), 17,50 sFr.

Barcelona
Berlin
Dresden
Hamburg
London
München
New York
Paris
Rom
Wien

Weitere Titel in Vorbereitung.

06/08

# Register

## Impressum

Redaktionsleitung: Dr. Dagmar Walden
Lektorat und Bildredaktion: Kirsten Winkler
Aktualisierung: Irene Unterriker
Karten: Computerkartographie Carrle, München
Herstellung: Martina Baur
Druck, Bindung: Stürtz GmbH, Würzburg
Printed in Germany

Ansprechpartner für den Anzeigenverkauf:
Kommunalverlag GmbH & Co KG,
MediaCenterMünchen, Tel. 089/92 80 96 44

ISBN 978-3-89905-423-1
ISBN 978-3-89905-532-0 Reiseführer Plus

Neu bearbeitete Auflage 2009


## Bildnachweis

**Umschlag-Vorderseite:** Typische Amsterdamer Grachtenhäuser an der Amstel. Foto: Ernst Wrba, Sulzbach/Taunus
**Umschlag-Vorderseite Reiseführer Plus:** Die Keizergracht bei Nacht. Foto: Mauritius/Workbookstock

**Titelseite**
**Oben:** Eine Amsteltour (Wh. von S. 63)
**Mitte:** Art-déco im Café Americain (Wh. von S. 68)
**Unten:** Käsetransport in Edam (Wh. von S. 107)

AKG, Berlin: 12, 12 (2), 14, 15 (links oben), 42, 58 (2) 106 unten, 113 unten – Bildagentur Huber, Garmisch-Partenkirchen: 106 oben (Damm) – Cobra Museum, Amsterdam: 103 – Ralf Freyer, Freiburg: 11, 24 oben, 28, 30 oben, 31, 33, 35, 45, 46, 50 oben, 52, 53, 68 unten, 70 links, 71 links, 84, 93, 124, 129 – Rainer Hackenberg, Köln: 25, 82 – Hermitage Amsterdam, Amsterdam: 75 – Herzig Fotodesign, Gera: 99 oben, 100 unten, 120 – IFA-Bilderteam: 16/17, 51 (Harris) – Volkmar E. Janicke, München: 29, 61 unten, 116 unten rechts – Joods Historisch Museum, Amsterdam: 54 (Liselore Kamping) – Klaus Thiele, Warburg: 73 oben – Mauritius, Mittenwald: 50 unten, 97 (Kord), 74 (Thonig), 116 Mitte (Waldkirch) – Mohnheim Bildarchiv, Meerbusch: 7 Mitte, 30 unten, 104, 110, 113 oben – Nederlandse Opera, Amsterdam: 52 oben (Monica Ritterhaus) – Stedelijk Museum, Amsterdam: 85 (2), 86 – Reinhard Tiburzy, Aachen: 7 unten, 20, 38, 63, 64 unten, 65, 66, 87, 96, 102, 107, 109, 111 unten, 114, 115, 116 unten links, 122 – Ullstein Bilderdienst, Berlin: 15 (links oben) – picture alliance Frankfurt: 15 unten, 92 (ANP), 94 – Ernst Wrba, Wiesbaden: 6, 7 oben, 8 (2), 9 (2), 10 (2), 19 (2) 22, 23, 24 unten, 26 (2), 32, 36, 37, 40, 41, 44, 47, 49, 56, 57, 59, 60, 61 oben, 64 oben, 68/69, 70 rechts, 71 rechts, 72, 73, 77, 80, 81, 83 unten, 88/89, 89, 91, 98, 98/99, 100 oben, 101, 111 oben, 116 oben rechts und links, 119, 123, 126, 127, 129, 131